HARALD SCHETTER
DIE AACHHÖHLE

W0245382

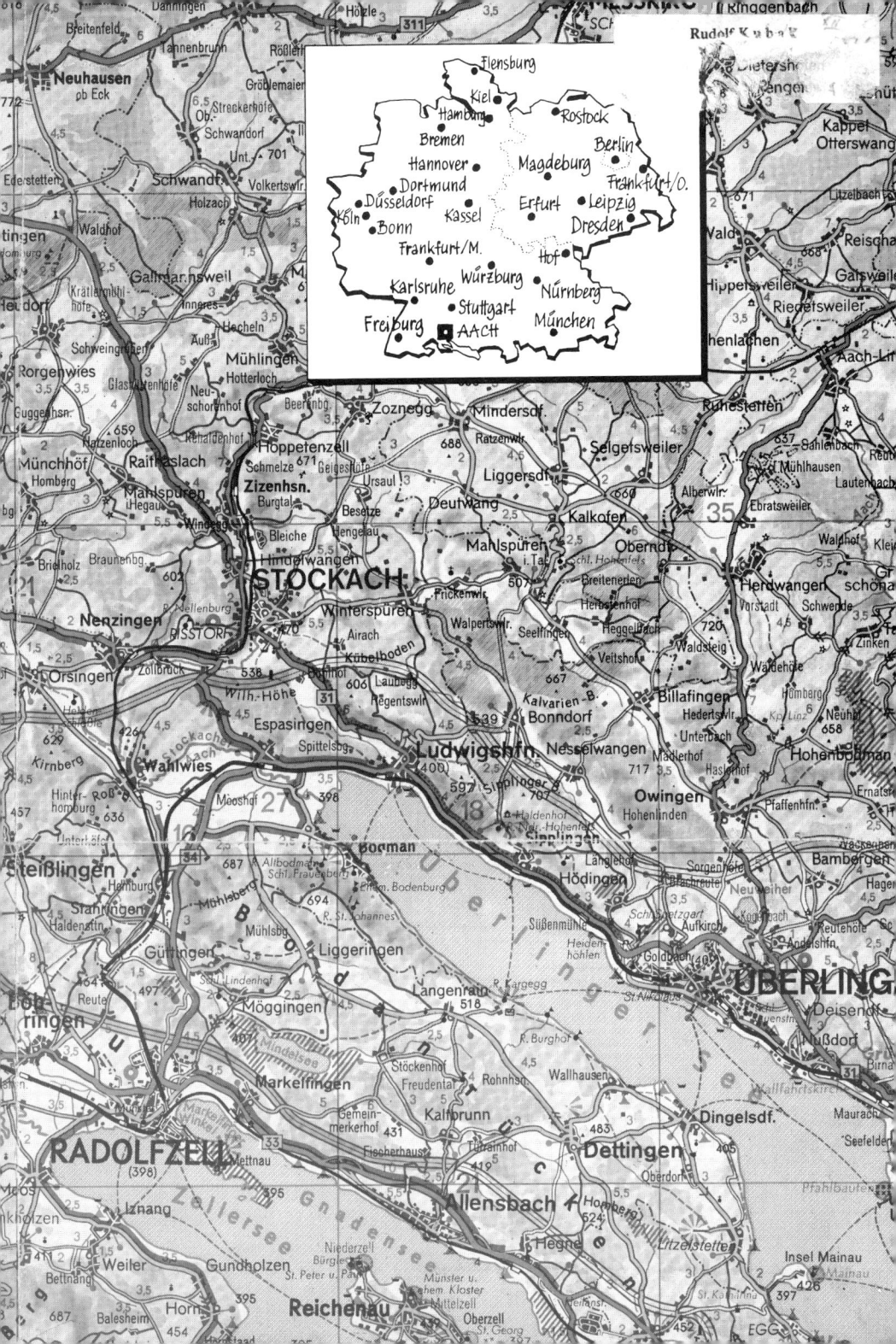

HARALD SCHETTER

DIE AACHHÖHLE

Tauchexkursion in die unterirdische Donau

Im Verlag des SÜDKURIER Konstanz

Gewidmet meinem Sohn Alexander

Einbandvorderseite: Der Eingangsspalt in die geheimnisvolle Welt der Aachhöhle.
Einbandrückseite: Mit dem Schlauchboot auf dem Höhlensee.
Vorderes Vorsatz: Die geographische Lage der Aachhöhle.
Hinteres Vorsatz: Lagepläne der Aachhöhle.

CIP-Titelaufnahme der Deutschen Bibliothek
Schetter, Harald:
Die Aachhöhle: Tauchexkursion in die unterirdische Donau /
Harald Schetter. – Konstanz: Verl. des Südkurier, 1991
  ISBN 3-87799-099-1
NE: HST

ISBN 3-87799-099-1
© SÜDKURIER GmbH Konstanz 1991
Gesamtherstellung:
Druckerei Konstanz GmbH, Konstanz
Lithos: Süd-Klischee, Konstanz
Einbandgestaltung: Theodor Wenger, Konstanz

ZUM GELEIT

Ein Buch über die Aachquelle – sicherlich ein erfreuliches Ereignis für alle Bürger des kleinen Städtchens an der großen Quelle. Doch diese Publikation ist nicht nur für die Einheimischen mehr als eine weitere von vielen hundert Veröffentlichungen, die alljährlich auf Leser und Betrachter warten. Ein Taucherbuch über die Aachquelle stellt für die ganze Region eine kleine Sensation dar. Denn zum einen sind bisher nur wenige Bilder aus der unterirdischen Aach ans Licht der Öffentlichkeit gebracht worden, zum anderen ist nur wenigen Menschen bekannt, daß es nicht nur in der Schwäbischen Alb sehenswerte Höhlensysteme samt Hallen und Seen gibt, sondern auch bei uns im Hegau. Ganz besonders freut es mich, daß dieses Buch von einem Mann verfaßt wurde, der seit Jahren in der unmittelbaren Nähe der Aachquelle lebt und diese wie kein anderes Gewässer in sein Herz geschlossen hat. Harald Schetter habe ich bei mancherlei Gesprächen und gemeinsamen Veranstaltungen, die er mit dem hiesigen Heimat- und Verkehrsverein durchgeführt hat, nicht nur als umsichten Taucher kennengelernt, sondern auch als einen Menschen, dem es weniger darum geht, den Naturgewalten zu trotzen, als vielmehr der Natur, dem Wasser, der Quelle den Respekt zu zollen, der diesen gebührt.

Pirmin Späth
Bürgermeister

VORBEMERKUNG

Tauchen in Höhlen gehört mit zu den faszinierendsten Aktivitäten auf unserem Planeten. Einerseits Furcht, andererseits Neugier prägen diese Affinität zum Unbekannten. Folgen Sie dem Autor und erleben Sie, wie ihn die Höhle in seinen Bann zog.

Die Fakten: Höhlentauchen gehört zu den gefährlichsten Aktivitäten im Unterwasserbereich. Nach einer englischen Statistik ist Höhlentauchen 150mal gefährlicher als Tauchen im offenen Wasser. Damit ist Höhlentauchen aber nicht unmöglich, wie es der Forschungsbericht aus der Aachhöhle zeigt; aber die Gefahren müssen erkannt werden. Durch extreme Vorbereitung, Testtraining und eine sehr gute Ausrüstung mit entsprechender Sicherheit kann man die Gefahren bannen.

Anders als beim »konsumierenden« Sporttaucher, der Erlerntes sportlich nachvollzieht, wird vom Höhlentaucher mehr Vorplanung und Wissen um das Umfeld verlangt. Die Tatsache, daß ein Tauchgang bei Komplikationen nicht einfach durch Auftauchen beendet werden kann, verlangt völlig andere Sicherheitskriterien und Kalkulationen des Luftverbrauchs.

Gerade Anfänger oder jüngere Taucher sollten erkennen, daß erst mit einer großen Erfahrung im taucherischen Bereich mit Höhlentauchen begonnen werden kann. Zuviele Taucher haben ihren Mut oder Leichtsinn mit dem Leben bezahlt.

Die klaren Bilder trügen – der Forscher weiß genau, wann Sichtverhältnisse und Wasserströmung einen Vorstoß zulassen und wann nicht. Der Forscher beschäftigt sich im Regelfall viele Jahre mit einer dieser Höhlen. In der Aachquelle gilt es in optimalen Zeiten vorzustoßen, denn trübe Sicht, Strömung und unübersichtliches Ganglabyrinth machen den Rückweg schwer; die sichere Handhabung des Ariadne-Fadens ist dazu nur ein Garant.

Die Aachquelle ist schon lange bekannt, aber erst jetzt konnte sie taucherisch erkundet werden und ein Stück ihres Geheimnisses preisgeben.

Lesen Sie in diesem Buch auch, wie man es nicht machen soll –

selbstkritisch beurteilt der Autor aus heutiger Sicht seine Anfangs-aktivitäten.

Beherzigen Sie den Grundsatz des Tauchens, Unbekanntes mit erfahrenen Führern zu erkunden, bevor Sie es selbst versuchen. Entwickeln Sie Sensibilität für die Gefahr – nur wer sie kennt, kann ihr begegnen und überleben.

Die Vorbereitung für einen Höhlentauchgang kann daher nicht intensiv genug sein.

Freiberg, im Oktober 1990   *Wolfgang Morlock*
                                   Referent für Höhlentauchen
                                   im Verband der deutschen
                                   Höhlen- und Karstforscher e.V.

INHALT

Vorwort 11

Zur Einstimmung: Sagenhaftes und Phantastisches 12

Geologische Notizen: Vor langer, langer Zeit... 16

Kleiner Spaziergang um die Aachquelle 16
Von einem Fluß, der plötzlich keiner mehr ist 22
Woher stammt das Wasser der Aach? 23
Erdgeschichtliches zur Entstehung der Aachquelle 29
Eingestürzte Hohlräume: Vom Eggenschacht und der
»Tiefen Grub« 40

Abgetaucht in die Quellhöhle der Aach 46

Von Pionierleistungen und verhängnisvollen Tauchgängen . . 46
Ein Sporttaucher wird vom Höhlenfieber gepackt 51
Mein erster Tauchabstieg in die Aachhöhle 52

Die Aachquelle – über und unter Wasser 60

Ein Hegauflüßchen mit spektakulärem Ursprung 60
Ausmaße und Beschaffenheit des Quelltopfes 62
Der Wurzelgang 62
Die Schwinde 63
Ein Eichenstamm im Quelltopf 68

Im Labyrinth des Quellsystems 71

Erste Bewährungsprobe: die Düse 71
Durch die Kanonenröhre 71
Tauchvorstoß in den Syphonschacht 73
In Spalten und Klüften 78

Lebewesen in der Aachhöhle 85

Unterwasserhöhlen – ein Lebensraum für Tiere? 85
Fledermäuse in der Aachhöhle? 88

Zeugnisse der Schaffenskraft des Urelementes Wasser 90

Raumerweiterung der Aachhöhle 90
Der Kristallgang 90
Entdeckung einer Kristallgrotte 93
Aachtopf-Riesenperlen 97
Kolke 97
Belemniten: Fossile Zeugen der Urgeschichte 99
Der Sintergang 99
Ein Lehmkegel gibt Rätsel auf 102

Mit dem Schlauchboot auf dem Höhlensee 105

Ein seltsamer Fund 117

Höhlentauchen – ein Sport nicht wie jeder andere 120

Wieder aufgetaucht 127

Das Wasser der Aach – ein umstrittenes Gut 127
Die Aach – ein schützenswertes Naturwunder 130
Wissenswertes über die Aachquelle – kurzgefaßt 131
Wie am Anfang, so am Ende: Sagenhaftes und
Phantastisches 132

Anmerkungen 135
Bildnachweis 136
Zum Autor 137

VORWORT

Seit 1980 befasse ich mich mit der Erkundung der Aachquelle, Deutschlands größter Quelle, die einem Naturwunder gleichkommt, das zu erforschen sich lohnt und das es auch zu schützen gilt. Staunend blickt der Besucher von der Brücke hinab zum Quelltopf, dem unaufhörlich gewaltige Wassermassen entströmen, alsbald einen See bilden und dann in Schleifen dem Bodensee gemächlich zufließen. Wie mag es da unten wohl aussehen, fragt er sich, wo kommt das Wasser her, wie gewaltig müssen die Hohlräume im Berginnern sein? Ist es überhaupt möglich, durch die starke Strömung auf den Grund des Quelltopfes zu kommen? Viele Tauchabstiege waren nötig, um zu den heutigen Erkenntnissen zu kommen. Am schwierigsten zeigte sich die Aufgabe, einen Dokumentarfilm über die Aachhöhle zu drehen. Die Mühe hat sich gelohnt, doch ohne die Mithilfe von anderen Speleologen (Höhlenforschern) und Tauchern wäre es nicht gelungen, dieses Projekt zu realisieren. Im Zusammenhang mit den Filmaufnahmen habe ich viel fotografiert, gezeichnet, gemessen und meine Eindrücke schriftlich zu Papier gebracht. Das gesammelte Material wurde allmählich so umfangreich, daß schon bald die Idee zu dem Buch entstand, das nun vorliegt. An dieser Stelle möchte ich allen meinen Dank aussprechen, die mir hierbei geholfen haben. Insbesondere meiner Frau Myra, die immer geduldig auf mich wartete und viel Verständnis für meine Arbeit aufbrachte. Sehr behilflich war auch mein Tauchkamerad Klaus Rogasch, mit dem ich sehr oft im Aachtopf unterwegs war und von dem auch zahlreiche Bilder in diesem Buch stammen. Ferner möchte ich meinen Dank Frau und Herrn Hipp aus Aach aussprechen, die mich beim Zusammenstellen des Manuskriptes beraten haben, und Frau Gaißer aus Aach, die mir viel Schreibarbeit abgenommen hat.

Volkertshausen, im Februar 1991   *Harald Schetter*

ZUR EINSTIMMUNG: SAGENHAFTES UND PHANTASTISCHES

Unterirdische Wasserläufe und Höhlen erregten immer schon die Phantasie der Menschen. So gibt es nicht nur über den Blautopf bei Blaubeuren Sagenhaftes zu berichten – die Sage von der schönen Lau (Eduard Mörike) –, sondern auch die Aachquelle inspirierte volkstümliche Dichter und Poeten.

Die Sage von den Jurazwergen und dem Bodenseekönig
Eines Tages schwamm die jüngste Tochter des Seekönigs bei der Insel Reichenau an Land, um irdene Scherben zu suchen, für Ihren Vater. Ihre acht Schwestern benützten die Gelegenheit, einen Plan auszuführen, den sie seit einiger Zeit hegten. Es gibt nämlich eine Prophezeihung, die lautet:
Es wird einmal eine Zeit kommen, da der Bodensee verschwunden sein wird, weil der Rhein Tag und Nacht unablässig viel Geröll aus den Schweizerbergen hineinschwemmt. Dann werden die Fische fortwandern, aber der Seekönig und seine neuen Töchter müssen sterben.
Nun hatten die acht Seenixen sich kürzlich bei den drei Rheintöchtern einen guten Rat geholt, wie sie dem Tode entgehen könnten. »Es ist am besten«, hatten die Rheintöchter gesagt, »wenn ihr euch jede von eurem Vater einen Zufluß des Bodensees erbittet, dann kann das große Wasser ruhig verschwinden, ihr habt doch für immer eine Zuflucht.«
Dieser Rat war gut, das sahen die acht Seenixen ein. Und sie schwammen rund um den See und suchten sich die größten Zuflüsse aus, die Dornbirner Aach, Bregenzer Aach, Laiblach, Argen, Schussen, Rothach, Seefelder Aach und Stockacher Aach. Es waren gerade acht Flüsse, und so viele brauchten sie. Was sonst in den See floß, war unansehnliches Bachgewässer; denn die große Aach, die heute im Aachtopf entspringt und bei Radolfzell in den Untersee mündet, war damals noch gar nicht auf der Welt.
Nun aber hieß es klug sein und die Bitte an den Vater zu richten,

12

wenn die Jüngste, seine Lieblingstochter, einmal auf Reisen wäre. Ihr gönnten sie den Untergang von Herzen; denn sie hatten sie von jeher um ihrer Güte und Schönheit willen beneidet.

An dem Tage nun, als die Jüngste auf der Reichenau irdene Scherben suchte, schwammen die Schwestern in die tiefste Tiefe des Sees in das Schlafgemach des Vaters. Mit süßen Liedern weckten Sie ihn und trugen ihm ihre Bitte vor. Und sie gaben keine Ruhe, bis sie die Erlaubnis hatten, in den Nächten aus dem See hinauszuschwimmen, jede in ihren Fluß.

Der Seekönig aber wurde traurig; er sprach: »Ich bin jetzt alt und begreife wohl, daß ihr lieber zu den ewig jungen Menschen gehen wollt, um euch Spielkameraden zu suchen.«

»Es ist nicht deshalb«, sprach die Älteste, »wir langweilen uns durchaus nicht im Bodensee, aber wir haben an die böse Prophezeihung gedacht, und die Flüsse sollen unsere Zuflucht sein.« – »Ach«, sagte der Seekönig, »so geht denn und rettet euer Leben; ich begreife wohl, daß ihr nicht mit mir sterben wollt.«

Darauf konnten die Nixen kein Wort erwidern, sie nahmen Abschied von ihrem Vater und schwammen hinaus. In den Nächten aber lockten sie mit ihrem Gesang junge Menschen ans Ufer ihrer Flüsse, und es kam sogar vor, daß sie ihnen ein Leid antaten.

Als die jüngste Tochter heimkam, brachte sie dem Vater eine große Menge zerbrochener irdener Töpfe mit. Es standen schon ganze Reihen solcher Scherben auf dem Grunde des Sees, und darunter verbarg der König die Seelen der Menschen, die ertrunken waren. Er hoffte, daß sie eines Tages erlöst würden von ihrem Schöpfer, und wenn dieser auf den Grund des Sees herabkäme, wollte er bitten, daß er auch ihn erlöse.

Nun freute er sich, daß sein liebes Kind wieder da war. Und er fragte die kleine Nixe, ob sie nicht auch einen Bodenseefluß haben möchte, damit sie zu den Menschen schwimmen könnte; hier bei ihm sei es doch langweilig.

»Aber was denkt ihr von mir, lieber Vater«, sprach sie, »ich bin doch am liebsten dort, wo Ihr seid.«

Der König schaute sie traurig an: »Wenn aber jene böse Prophezeihung einmal wahr wird, wohin wirst du dich dann retten?«

»Ich werde dorthin gehen, wo mein lieber Vater hingeht, und wenn er sterben muß, will auch ich sterben«, sprach sie.

Der Vater nahm das gute Kind an sein Herz, küßte es und fing an, die Flüsse aufzuzählen, die in den See fließen. Denn auf alle Fälle wollte er auch seiner Lieblingstochter einen Fluß schenken. Aber gar bald merkte er, daß die Schwestern alle großen Wasser schon bekommen hatten, und er merkte auch, warum sie ihre Bitten ausgesprochen hatten, während die Jüngste fort war.

Da beschloß er, seiner liebsten Tocher einen herrlichen Fluß und einen ganz neuen, verborgenen Bodensee zu beschaffen; denn der Seekönig hatte große Macht und war befreundet mit den Riesen des Schwarzwaldes und mit den Jurakönigen Lias, Dogger und Malm. Eines Morges nun, nach einer milden Mondnacht, stieg er mit seiner Jüngsten hinauf an das helle Gestade der Insel Reichenau. Es nahm die Harfe zur Hand und spielte, und die Seevögel flogen in Scharen herbei und lauschten andächtig. Zwei grüngolden schimmernde Wildenten setzten sich ihm auf die Schultern; die Fische ruderten herbei und standen regungslos im Wasser.

Als das Spiel zu Ende war, nahm der König die beiden Wildenten in seine Hände und gab ihnen eine Botschaft für die drei Zwergenkönige Lias, Dogger und Malm, die im Jura wohnen. Und die Wildenten machten eine tiefe Verbeugung und flogen, so schnell sie konnten, davon.

Als sie am anderen Tage zurückkamen, begrüßten sie den König mit lautem Freudengeschnatter. Er nahm die beiden Vögel auf seine Schultern, daß sie ihm die frohe Botschaft meldeten. Und die Botschaft lautete so:

Schon lange hätten die drei Jurazwerge Lias, Dogger und Malm ihrem hohen Freunde, dem Seekönig, gerne ein Geschenk übersandt, jedoch wären sie sich bis jetzt nie einig geworden über die Art dieser Ehrengabe. »Nun aber schätzen wir uns glücklich«, sagten sie, »Seiner Majestät dem Bodenseekönig sogar einen Herzenswunsch erfüllen zu dürfen. Denn schon oft haben wir erwogen, dem unterirdischen Bodensee zwischen Baar, Hegau und Hohem Randen einen Abfluß zu schaffen, da die wilden

Gewässer in der Tiefe fast nicht mehr zu bändigen sind und die Donau unermüdlich neue Wellen hinabjagt. Es trifft sich nun herrlich, daß seine Majestät gerade einen Fluß braucht für seine jüngste Prinzessin, da werden wir am besten beim Städtchen Aach von unseren Zwergen ein Felsentor aushauen lassen, damit das Flüßchen für seine Reise eine schöne Landschaft um sich hat.«

Als der Seekönig diese frohe Botschaft vernommen hatte, schickte er die beiden Wildenten wieder hinauf in den Jura, daß sie den Zwergenkönigen Lias, Dogger und Malm seinen allerhöchsten Gruß und Dank vermeldeten.

Nun ging es nicht lange, da begann das Donauwasser aus seinem unterirdischen Bodensee herauszuquillen. Es füllte den Aachtopf, der seither die größte Quelle Deutschlands ist, und rauschte hopplahopp hinab in den Hegau und dem Untersee zu, wo es sich untertänig zu Füßen der Prinzessin hinlegte.[1]

GEOLOGISCHE NOTIZEN: VOR LANGER, LANGER ZEIT…

Kleiner Spaziergang um die Aachquelle

Wohl den meisten urlaubshungrigen Großstadtmenschen, die an den Bodensee oder in die Alpen fahren, entgeht, daß sie im wahrsten Sinne des Wortes Deutschlands größte Quelle unbeachtet »links« liegen lassen (B 31 Ortsausgang Aach, unmittelbar links neben der Bundesstraße). Jene jedoch, die sich und ihrem Fahrzeug eine Pause gönnen, haben dies selten bereut.

Der Aachtopf liegt am Fuße einer bewaldeten Erhebung, die als weithin sichtbarer »Eckpfeiler« den Abschluß des in der letzten Eiszeit entstandenen Trockentales zwischen Eigeltingen und Aach bildet. Aus der trichterartigen Quellnische, die man auf einer Metallbrücke überqueren kann, entströmt das Wasser hauptsächlich zwei fast parallelen vertikalen Spalten, die man bei normaler Schüttung und sauberem Wasser gut sehen kann. Bei z.T. waghalsigen Tauchversuchen hat man erkannt, daß der Höhlengang hinter der sogenannten Düse nahezu horizontal verläuft und in Nord-Süd-Richtung liegt. Am rückwärtigen Ende des Quelltopfes ist wenig über dem Wasserniveau eine etwa mannshohe horizontale Felsspalte zu erkennen, die eine Fortsetzung der tiefer liegenden Quellspalten darstellt.

Diese geheimnisvolle Öffnung in der Dolinenrückwand – im Volksmund »Sarahloch« genannt – hat natürlich schon früh zu Mutmaßungen und Mythenbildung angeregt. Zu Großvaters Zeiten erzählte man beispielsweise dem wißbegierigen Nachwuchs, daß die Hebamme des Nachts die kleinen Kinder dieser dunklen Felsspalte entnehmen würde. Der eigentliche Name dieser Felsspalte, der vor Jahrtausenden schon Wasser entströmt sein muß – das verraten die rundgeschliffenen Kanten –, erinnert an ein mutiges, schlankgewachsenes Mädchen, das vor langer, langer Zeit ins Innere des Berges eingedrungen sein soll. Über das weitere Schicksal des Kindes weiß der Volksmund allerdings nichts mehr zu

16

Ein Wanderweg führt rund um den Quelltopf.

berichten. Dem Besucher der Aachquelle präsentiert sich dieses Naturschauspiel je nach Jahreszeit und Witterungslage sehr unterschiedlich. Bei starker Schüttung nach längeren Regenfällen pulsieren und brodeln erdfarbene Wassermassen mit unbändiger Kraft aus der Tiefe und füllen Quellsee, Fluß und Kanal bis zum Rand. Nach längeren Trockenzeiten ist das Wasser zwar immer noch grünlichtrüb, läßt aber zumindest einen geringen Einblick in die Tiefe zu. Man kann dann deutlich erkennen, daß zwei Schlünde nach unten führen, die durch einen nahe unter der Wasseroberfläche liegenden Felsgrat voneinander getrennt werden. Nur wenige Meter von der Hauptquelle entfernt sieht man eine weitere Quelle, die aus einer horizontalen Spalte hervorquillt. Wer aber schon einmal bei Niedrigwasser diese Stelle beobachtet hat, wird verwundert festgestellt haben, daß das Wasser hier in den Berg zurückfließt, d.h., diese Austrittstelle wird bei geringer Wasserführung zum Schluckloch, zu einer sogenannten Schwinde.

Noch weitere kleine Quellen kann der aufmerksame Besucher der Aachquelle entdecken. Und wer schon seit vielen Jahren diesen beschaulichen Ort aufsucht, hat vielleicht auch bemerkt, daß die Schüttung der Nebenquellen erkennbar zugenommen hat. So kann man heutzutage beispielsweise in der Seemitte in Wallern aufsteigendes Wasser beobachten, wo früher nur zeitweise und bei genauem Hinschauen eine Quelltätigkeit erkannt werden konnte. Die Aachquelle und ihre unmittelbare Umgebung mit mächtigen alten Bäumen, die schattenspendend ihr ausladendes Geäst bis ins Wasser des mit Bruchsteinen einfach gefaßten Quellsees senken, haben trotz der vielen Besucher ihren ursprünglichen Charakter behalten. Der Tourismus hat hier noch nicht zerstörerisch gewirkt. Keine Souvenirläden oder Würstchenbuden wie an vergleichbaren anderen Naturattraktionen empfangen hier die Gäste, sondern gackernde Hühner, schnatternde Gänse und im Formationsschwimmen sich übende Enten.

Dennoch hat man sich in Aach schon früh die Kraft des Wassers zunutze gemacht. Etliche Wasserräder betrieben noch in diesem Jahrhundert Getreide- und Ölmühlen bzw. ein Sägewerk. Zum Zweck der Stromerzeugung hat man in den dreißiger Jahren einen Teil des Flußwassers in einen Kanal geleitet, der heute noch den Turbinen zweier Kraftwerke das Wasser zuführt.

Daneben gab es aber auch noch andere »kühne« Überlegungen, die glücklicherweise nicht realisiert wurden, wie das sogenannte Glogauprojekt, das vorsah, die ganze Quelle mit einem Stahl- oder Betondeckel zu verschließen, um den Wasserdruck noch zu steigern, so daß eine Großturbine hätte betrieben werden können.

Ein Besuch der Aachquelle lohnt sich für all jene, die etwas Beschaulichkeit suchen, einen Sinn für Ursprünglichkeit haben und Naturschauspiele ohne geschönte Optik und touristischen Firlefanz erleben wollen.

Als ich zum ersten Mal weiter hinter dem Quelltopf in einer lufterfüllten Halle auftauchte, bot sich mir ein grandioser Anblick: So wie in der Sage von den Jurazwergen beschrieben, lag der

◁ Die vom Elektronenblitz beleuchtete Halle.

unterirdische Bodensee vor mir. Meine 100-Watt-Scheinwerfer beleuchteten einen gigantischen Hohlraum. Steil aufragende Wände, bizarre Felsformationen und einen großen See, der augenblicklich die vieltausendjährige Dunkelheit abstreifte und sich als unwirklich grünlich-glitzernde Fläche präsentierte. Damals hatte ich keine Foto- oder Filmausrüstung dabei, versuchte mir aber die Eindrücke genau einzuprägen, die ich dann am gleichen Tag aufzeichnete.

Die Strapazen der letzten Minuten waren vergessen, obwohl diese mich viel Kraft und Mühe gekostet hatten. Bestens ausgerüstet war ich in den Quelltopf hinabgetaucht. Die Sicht betrug ca. 1 m und die Schüttung 5000 Liter pro Sekunde. Die Strömung war so stark, daß ich mehrere Versuche starten mußte, um durch die Düse zu gelangen. Mit dem Bauch am Grund zog ich mich an Felsbrocken vorwärts. Plötzlich gab ein Fels nach, der lediglich im Geröll festgesessen hatte, und es warf mich wieder zurück. Mit allen Leibeskräften schlug ich mit den Flossen, griff mit den Händen in das lose Geröll und zog mich Zentimeter um Zentimeter vorwärts. Bedingt durch den starken Druck auf die Membrane meines Lungenautomaten blies dieser ab, und ich verlor ungewollt eine Menge Luft, die durch meine erhöhte Anstrengung, vorwärtszukommen, sowieso außerordentlich abgenommen hatte. Nach endlosen Minuten hatte ich die Düse passiert, und die Strömung ließ nach. Zunächst mußte ich meinen Atem beruhigen. Ein Blick auf den Druckmesser meiner Tauchflaschen zeigte mir, daß eine Flasche bereits zu einem Viertel leergeatmet war. Ich setzte den Tauchgang fort. Ungefähr 50 m vom Eingang entfernt tauchte ich bis auf 10 m auf und gelangte in die Gangschleife. Das ist ein Seitengang des vorderen Hauptganges, der vor der Kanonenröhre wieder in den Hauptgang mündet. Von dieser Gangschleife führen weitere Gänge nach Norden. Einem dieser Gänge folgte ich. Ein Blick auf den Druckmesser verriet mir, daß ich doch noch genügend Luftreserven hatte. Der Gang führte durch ein Schlüssellochprofil, das in der Mitte so eng wurde, daß ein Durchkommen nicht möglich war. Am Grund entlang, durch tiefen Lehm schlängelte ich mich voran. Dicke Wolken von Lehm wurden aufgewirbelt. Allmählich mußte ich mir Gedanken über die Rückkehr machen, denn durch die Lehmwolken bei »Null-Sicht« bedeutete jeder Meter ein Risiko. Ich tauchte trotzdem noch einige Minuten weiter, ohne zu ahnen, daß ich durch diesen Gang nicht mehr zurücktauchen würde.

Der Gang wurde breiter und sedimentfrei. Wie in der Gangschleife waren die Wände mit Kalzitkristallen überzogen. Nach ca. 200 m bemerkte ich plötzlich, daß die Strömung nicht mehr von vorne, sondern von hinten kam. Ein Blick auf den Kompaß: Er zeigte immer noch nach Norden, aber das Wasser war nicht trübe von meinen Flossenschlägen. Ich kehrte ein Stück zurück und bemerkte, daß das Wasser von Süden her aus einem Gang strömte. Diesem Gang, der spiralenförmig, gefährlich eng und durch tiefe Lehmhalden langsam anstieg, folgte ich. Beim Gedanken daran, ohne Sicht durch diese erdige Brühe nur durch Entlangtasten am Führungsdraht zurückzutauchen, schauderte es mich. Die Spannung ließ aber sofort nach, als ich die Luftblasen an der Wasseroberfläche auseinanderbrechen sah: eine Auftauchstelle. Es war die große Seenhalle, die allerdings kein ruhiges Höhlengewässer darstellt. Eine gewaltige Strömung trieb mich in einen Spalt. Allein durch Flossenkraft kam ich gegen diese Strömung nicht an. Mit den Händen mußte ich mich an der Wand vorwärtsziehen. Nur langsam kam ich vorwärts. Jetzt hätte ich einen Schnorchel gut gebrauchen können, um meine Luftreserven zu schonen (was soll man mit einem Schnorchel in der Höhle?). Der Gang wurde schmaler, und die Strömung kam auf einmal von der anderen Seite. Mich trieb es wieder in eine Felsspalte. Nun wußte ich nicht mehr, wo ich aufgetaucht war. Mir wurde ganz heiß, obwohl ich fror. Kurzentschlossen zwängte ich mich durch diesen Spalt und befand mich in einer kleinen Halle, die mir bekannt vorkam. Hier war ich bereits bei einem früheren Tauchgang aufgetaucht. Mein suchender Blick hatte eine kleine Plattform gefunden, auf der ich das Gerät ablegen und mir eine Ruhepause gönnen konnte. Diese war bitter notwendig. Von der kleinen Halle aus war es kein Problem mehr, zum Ausgang zurückzufinden. Mir wurde hierbei klar, daß ich den gleichen Weg, auf dem ich gekommen war, nicht mehr zurückgeschafft hätte, denn meine Luftvorräte waren größtenteils verbraucht. Ausgeruht und beruhigt, den Rückweg zu kennen, der mir kaum Schwierigkeiten bereiten konnte, ließ ich mich von der Strömung durch die unterirdischen Gänge der Donau hinaus an den Tag, der allerdings bereits zur Nacht geworden war, tragen.

Von einem Fluß, der plötzlich keiner mehr ist

»Brigach und Breg bringen die Donau zuweg...« So habe ich es wie nahezu alle Abc-Schützen im Hegau und in der westlichen Bodenseeregion in der Schule gelernt. Die Donau ist 2850 km lang, jedoch bereits nach kaum 30 km verschwindet der Fluß, und nur wenn viel Regen fällt, gelangt das Wasser von den Höhen des Schwarzwaldes, die dem längsten Fluß Europas »das Leben schenken«, bis zur fernen Mündung ins Schwarze Meer. Denn in trockenen Monaten versickert die Donau im Kalkgestein der Schwäbischen Alb, zum großen Teil nahe der Orte Immendingen und Möhringen, aber auch flußabwärts im Donautal bei Fridingen. Viele Tage im Jahr hindurch versickert das Donauwasser gänzlich in den Spalten im Flußbett und nimmt auf teilweise unbekannten Wegen seinen unterirdischen Lauf. Man sieht, wie es in Strudeln gurgelnd verschwindet. Legt man sich auf die Erde, so hört man es deutlich im Untergrund rauschen.

Heute weiß man, daß das verschwundene Wasser 14 km südlich wieder als riesige Quelle aus dem Untergrund hervortritt. Doch das war nicht immer so. Obwohl das Donautal und der Hegau schon sehr früh den Menschen als Siedlungsraum dienten, fand man lange keine Antwort auf die Fragen: Wohin verschwindet das Wasser der Donau? Woher kommt das Wasser der Aach?

Die Donau bei Immendingen in einem wasserreichen Monat.

Woher stammt das Wasser der Aach?

Zu Beginn des 18. Jahrhunderts vermutete ein Prälat namens M. Friedrich Wilhelm Breuninger, daß das Wasser, das der Aachquelle entströmt, eventuell versickertes Donauwasser sein könnte. Er veröffentlichte seine Gedanken und bewies hierbei Sachkenntnis und Spürsinn (vgl. Abb. auf S. 27). Der Beweis für die Richtigkeit der Breuningerschen Hypothesen konnte jedoch erst im letzten Drittel des 19. Jahrhunderts erbracht werden.

Im Jahre 1869 war der Versuch des Fabrikanten Ten Brink aus Arlen gescheitert, durch Einbringung von 14 kg »Anilinrot« in eine Versickerungsspalte der Donau bei Immendingen nachzuweisen, daß die »verschluckten« Donauwasser im Städtchen Aach wieder ans Tageslicht treten. Mit ungleich größeren Mengen und mit Substanzen, die im Erdinnern nicht absorbiert werden, operierte Professor Knop, dem es im September 1877 gelang, die Donau-

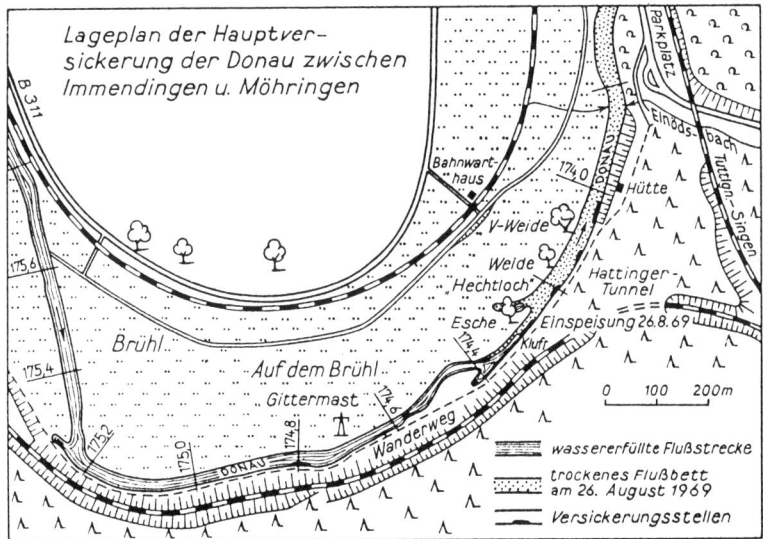

Lageplan der Hauptversickerung der Donau zwischen Immendingen und Möhringen.

Aach-Verbindung endgültig unter Beweis zu stellen, nachdem er zunächst Schieferöl und zwei Tage später Kochsalz in die Versickerungsstellen am Brühl (bei Immendingen) einbringen ließ. »Per Achse hatte man 200 Zentner Kochsalz nach dem Versuchsort gebracht. Sie wurden über eine aus Brettern zusammengeschlagene Rutschbahn unter den Augen der Steuerbehörde in die Versinkungsspalte versenkt. Viele Interessenten, vor allem auch die Bürgermeister der benachbarten Orte, hatten sich an der Versuchsstelle eingefunden.« Beim »Salzversuch« wurde nach 20 Stunden eine Zunahme des Salzgehaltes in der Aachquelle gemessen, der nach 60 Stunden das Maximum erreichte. Nach 90 Stunden wies die Aach wieder normalen Salzgehalt auf.

Seit den Versuchen von Professor Knop vor mehr als hundert Jahren wurden natürlich noch zahlreiche Markierungsexperimente

◁ Auf halbem Weg zwischen Immendingen und Möhringen ist der mächtige Fluß nur noch ein Rinnsal.

25

Zeitweise kann man den eigentlichen Wanderweg verlassen und trockenen Fußes im Bett der Donau seine Wanderung fortsetzen

durchgeführt, um das Einzugsgebiet der Aachquelle genauer bestimmen zu können.

Wenn die Donauversickerungsstellen bei Immendingen und bei Fridingen (für die letztere wurde ein Nachweis erst im Jahre 1907 erbracht) auch einen Großteil des Quellwassers der Aach liefern, so wurde doch deutlich, daß die Einspeisung noch an etlichen anderen Stellen erfolgt. So kann man beispielsweise bei einem Bach im »Wasserburger Tal«, der im Oberlauf relativ viel Wasser führt, gut beobachten, daß auch dieser Wasser verliert bzw. daß der Bach im Unterlauf meist vollständig versiegt. Mit einem ersten Färbeversuch von Paul Schaufelberger, der am 4. Mai 1928 diesen Bach, der von der Schenkenbergkapelle kommt und in den Massenkalken des Wasserburger Tals versickert, markierte, wurde der Beweis erbracht, daß auch dieses Wasser unterirdisch der

Titelblatt und Auszug aus dem Werk von F.W. Breuninger aus dem Jahre 1719. ▷

FONS DANUBII PRIMUS
ET NATURALIS,
Oder
Die Ur-Quelle
Des Welt-berühmten Donau-Stroms/

Welche
In dem Hertzogthum Würtemberg/ und nicht zu Don-Eschin-
gen/ wie bißhero darvor gehalten worden/ zu seyn gründlich behauptet wird/
und von wannen der Fluß/ als von seinem wahren und eigentlichen Ursprung an/
biß zu seinen Ostiis und Außflüssen/ unter mancherley Anmerckungen/
neben zerschiedenen Præliminarien/

Besonders einer kurtzen Vorrede/

Tit. **Herrn Johann Christian Reuen** / Prof. Ordinarii,
Histor. Eloq. ac Poës. auf Hochlöbl. Universität Tübingen/

Wie auch
Einer accuraten Delineation desjenigen Districts/ in welchem dieser
Strom entquillet/

Durch eine unpartheyische Feder begleitet wird/
Von
M. **Friederich Wilhelm Breüninger**/ Nürtinga-Würtemberg. der Zeit ei-
nes designirten *Prælaten des Closters* St. Georgen auff dem Schwartzwald
verordneten Vicario perpetuo daselbsten.
JUSSU ET APPROBATIONE SUPERIORUM.

In Verlegung des Authoris, Gedruckt zu Tübingen/ bey Hiob Francken/ 1719.

※] 61 [●

kan/ dunnenhero sich auch die Fische/ wie Ammia-
nus schreibet/ zur Zeit/ wann sie laichen/ von den
äussersten Gräntzen des Meers/ gantz hauffen weiß
gegen dem Einfluß dieses Stroms begeben sollen.

Auch hat die Donau dieses Besonders/ daß
sich theils Orten ein grosser Theil ihres Wassers
in die Erde verlieret/ und wiederum anderstwo/
gleichsam als wolte dieser Wasser-reiche Strom/
von seinem Überfluß auch andern Orten etwas
mittheilen/ hervor dringet und ausbricht. Wie
dann die Donau in Schwaben zwischen denen
Oertern Emedingen und Möhringen/ über einen
Grund geloffen/ der meistens aus Kalch-Steinen
bestanden/ die von dem Wasser nach und nach
also verzehret worden/ daß viele Oeffnungen und
Löcher in das Erdreich sich ergeben/ durch welche
das Wasser häuffig/ und besonders unter dem nah
anliegenden Berg eingedrungen/ und hergegen den
Ursprung des Flusses Aach/ der unter Hohen-
Twiel hinlauffet/ um ein merckliches verstärcket
haben solle/ welches daher erhellet: weil man einen
ziemlichen Abgang bey dieser Quelle und ihrem
Fluß vermercket/ als man vor einigen Jahren einem anscheinenden und besorglichen Wasser-Man-
gel bey dem Hoch-Fürstlichen Württemberg.
Schmeltz-Werck zu Ludwigsthal/ und denen
Mühlinen zu Duttlingen und der Orten vorzukom-
men/ die Donau mit grosser Mühe/ an besagten
kalchichtem Ort abgegraben/ und auf einen festen Grund geleitet. So ist auch bekant/ der in
der

Salzeingabe unterhalb von Fridingen am 11. November 1908.

Aachquelle zufließt. Denn am 5. Mai 1928 konnte mit dem Fluores-kop der zugesetzte Farbstoff »Fluoreszin« eindeutig nachgewiesen werden. Die zahlreichen Markierungsversuche in den letzten hun-dert Jahren haben es ermöglicht, das Einzugsgebiet der Aach-quelle relativ genau zu erfassen, wie es die Grafik auf Seite 29 verdeutlicht:

Das unterirdische Einzugsgebiet der Aach umfaßt eine Fläche von ca. 250 bis 280 qkm. Dennoch macht der direkte Zufluß aus der Donau eindeutig den Hauptanteil des Aachwassers aus. Die Wasserschüttung der Aachquelle würde sich auf durchschnittlich 3 cbm/sec reduzieren, wenn der Donauzufluß aus den bekannten Versickerungsstellen völlig unterbleiben würde. Der westliche Rand des Einzugsgebietes kann in der Nähe des »Neuhewen«an-genommen werden. In eine dort gelegene Dolinengruppe einge-gebener Farbstoff erreichte nach fünf Tagen die Aachquelle. Der östlichste Punkt des Einzugsbereiches ist Worndorf, 19 km nord-östlich von Aach gelegen. Erwähnenswert ist noch, daß markiertes Donauwasser nicht nur in der Aachquelle austritt; auch etliche andere Quellen im oberen Hegau weisen Anteile von Donauwas-

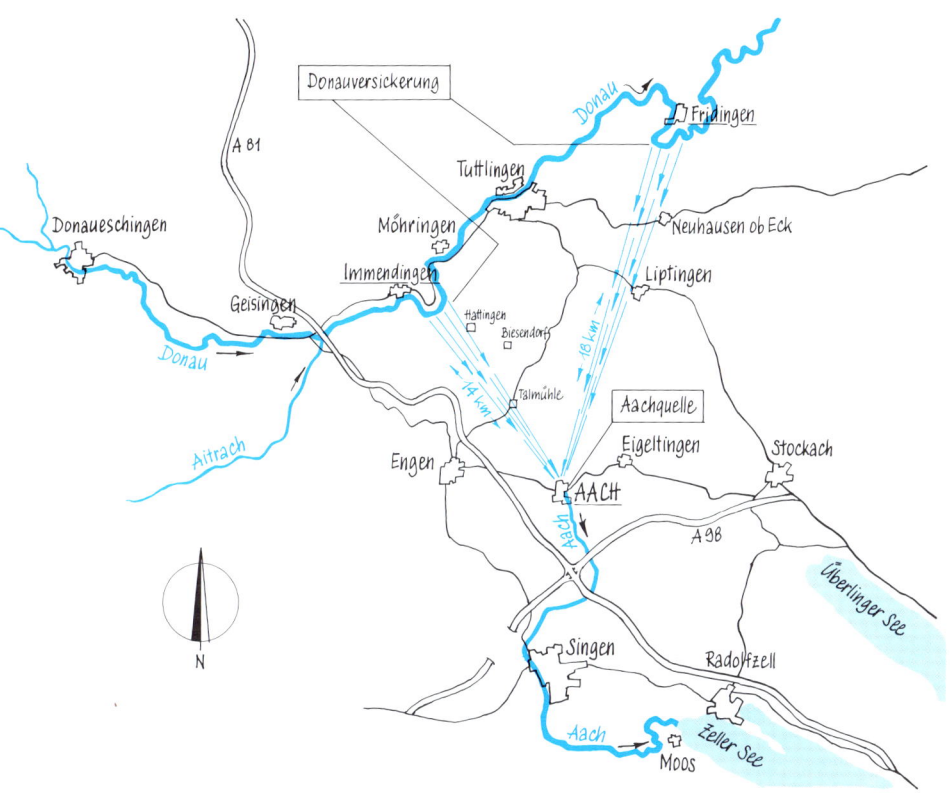

Übersichtskarte des Einzugsgebietes der Aachquelle.

ser auf. Zu nennen wären Quellen in Engen/Neuhausen, die Bleichequelle der Stadt Singen und die Bitzenquelle. Weitere Wiederaustritte stellte man in Beuren an der Aach bei Brunnenbohrungen und in mehreren Quellen im Krebsbachtal in Eigeltingen fest.

Erdgeschichtliches zur Entstehung der Aachquelle

Die Donau liegt bei Möhringen/Tuttlingen ca. 650 m über dem Meeresspiegel, während der Aachtopf mit demselben Donauwasser nur 475 m hoch liegt. Die Donau fließt über 160 km weit vom

Versickerungsgebiet bis in die Gegend von Ulm, das ebenso hoch wie die Aachquelle liegt, und hat somit ein Gefälle von 1,1 m auf 1 km. Von Möhringen bis nach Aach sind es 12 km (Luftlinie), was einem Gefälle von 15 m auf 1 km entspricht. Es ist klar, daß das Wasser den letzteren Weg bevorzugt, vorausgesetzt, daß es unterirdische Wege vorfindet, und das ist der Fall. Die Aachquelle ist wie alle großen Quellen eine Karsterscheinung, d. h., in kalkiges Gestein eindringendes Wasser löst dieses teilweise auf und erweitert im Laufe der Zeit Klüfte und Spalten bis hin zu großdimensionalen Hohlräumen. Der Beginn der Verkarstung des Donau-Aachgebietes mag schon sehr früh eingesetzt haben (im Alttertiär), sie ging aber wohl erst dann in tiefere Schichten, als im Jungtertiär durch die Hebung des süddeutschen Raumes weit über den Meeresspiegel hinaus Flüsse in den Untergrund tiefe Täler schneiden konnten. So hat auch die Donau beim Durchbruch durch den Jura dessen Kalksteinmassen angeschnitten. Das Wasser konnte dann in die durchlässigen Gesteinsmassen eindringen und diese wie einen Schwamm füllen. In der vorletzten Eiszeit, der sogenannten Rißeiszeit, räumte das Schmelzwasser des abtauenden riesigen Rheingletschers ganze Täler aus, so auch das Eigeltinger und das Wasserburger Tal. Die Schmelzwassermassen verschafften bei ihrer Erosionstätigkeit dem gespeicherten Wasser im Kalkgestein die Möglichkeit, wieder aus der Erde herauszutreten. Dieser Vorgang kann als »Ziehen des Spundes im Karstwasserfaß« bezeichnet werden. Die Aachquelle entstand also, als durch klimatische Veränderungen der Rheingletscher zum Rückzug gezwungen wurde.

Einiges deutet allerdings darauf hin, daß eine Karstentwässerung schon vor Ausräumung der Rinne des Eigeltinger Tales, also vor dem Tätigwerden der Aachquelle stattgefunden haben könnte. Für ein älteres Entwässerungssystem, das vielleicht nach Süden in den Raum Volkertshausen führte, spricht die fast waagerecht verlaufende, aber 17 m tief gelegene Quellhöhle der Aach, sprechen die zahlreichen Nebenquellen weiter flußabwärts und spricht auch die Tatsache, daß das bei Niedrigwasser in einer sonst als Nebenquelle tätigen Öffnung verschwindende Wasser nicht in

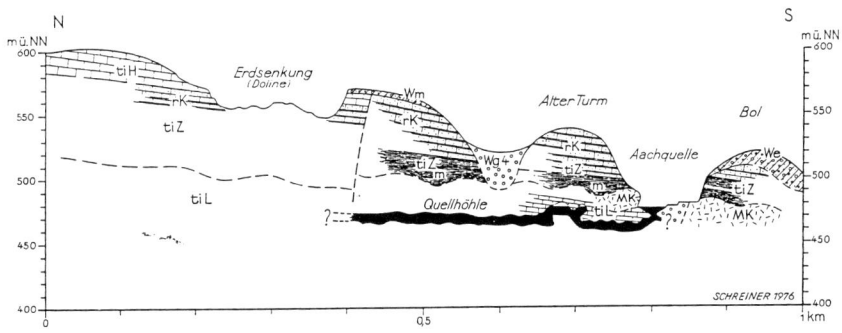

Geologischer Schnitt durch die Aachquelle. rK = rauhe Kalke des tiZ, m = Mergelsteine des tiZ, MK = Massenkalk des tiL, schwarze Fläche = Wasserfüllung der Quellhöhle. Quellhöhle und Quelltopf nach Hasenmeyer 1972.

unmittelbarer Nähe des heutigen Quellsystems wieder an die Oberfläche tritt. In der Forschungsliteratur findet man bezüglich dieser Vermutung heute weitgehende Zustimmung:

»So gesehen, könnte man die Aachquelle als eine Art Überlauf des älteren Entwässerungssystems verstehen, das heute in keiner Weise den verstärkten Zufluß, vor allem von der Donau, aufzunehmen vermag. Sein eigentlicher Abfluß erfolgt direkt in die würmeiszeitliche Tal- und Rinnenfüllung. Damit trägt das Karstwasser wesentlich zur Erneuerung des Grundwassers in den quartären Schottern der Hegausenke bei.«[3]

Während sich die meisten Geologen hinsichtlich des Entstehens der Aachquelle im Zusammenhang mit der zu Ende gehenden Rißeiszeit eine relativ eindeutige Datierung zutrauen (vor ca. 16000 Jahren), sind sie bei der Frage nach der Herausbildung der eigentlichen Donauversickerung wesentlich vorsichtiger:

»Die Beobachtung der doch deutlichen Zunahme der Vollversickerung in den letzten hundert Jahren spricht eher für eine sehr junge, d.h. nacheiszeitliche Einbeziehung des Donautales in den nach Süden entwässernden Karstkörper.«[4]

Den meisten Besuchern der Aachquelle genügen Erläuterungen wie die obigen, wenn die Frage nach der Entstehung der Aachquelle aufgeworfen wird. An dieser Stelle soll aber noch ein Schritt weitergegangen und sollen die geologisch-hydrologischen Zusammenhänge etwas differenzierter dargestellt werden: Will man verständlich machen, auf welche Weise wasserführende Höhlensysteme wie z. B. die unterirdische Donau-Aach-Verbindung sich wahrscheinlich entwickelt haben, muß man in der Erdgeschichte sehr weit zurückgehen, zurück in eine Zeit, in der der Mensch noch lange nicht diesen Planeten bevölkerte.

Im Erdmittelalter, also vor ca. 195 Mio. Jahren, waren der ganze mittel- und südeuropäische Kontinent und auch große Teile von Nordafrika bedeckt von einem Urmeer. In jener Zeit wurden bereits die Bedingungen für die Entstehung der Aachhöhle geschaffen.

In diesem Meer war reichhaltiges Leben vorhanden: Korallen, Schwämme, Schnecken, Fische. Doch waren es die kleinsten Lebewesen, die durch ihre Kalkausscheidungen gewaltige Ablagerungen hinterließen, die dann zusammengepreßt mehrere hundert Meter Kalksteingebirge ergaben. Dieser Vorgang dauerte mehrere Millionen Jahre. So bildete sich unter dem Meeresspiegel das mächtige Massiv der Schwäbischen Alb. Nach langer Zeit der Sedimentbildung (Ablagerung) wurde das Meer durch Auffaltung zurückgedrängt. Aufgrund tektonischer Kräfte im Innern der Erde begann die Schwäbische Alb sich langsam zu heben, und das Land wurde nach und nach trocken. Schon in jener Zeit begann die Verkarstung des Gebirgskörpers. Die Niederschläge erweiterten, bedingt durch die Anreicherung mit Kohlensäure, vorhandene feine Risse im Gestein. Dies wurde begünstigt durch die Spannung im Gestein, und so konnte das Wasser durch chemische und mechanische Arbeit riesige Hohlräume schaffen.

Nach neuesten Forschungen von J. Hasenmeyer könnten bereits vor 145 Mio. Jahren große Höhlensysteme wie Blautopf, Bärenhöhle, Wimsener Höhle und nicht zuletzt das Aachverkarstungssystem ausgebildet gewesen sein, ohne daß es die Aach gegeben hat. Eine Urhöhle, die von Aach bis weit in die Schwäbische Alb

32

Bohnerzlehm

ti 1 H (w γ_3)	Hangende Bankkalke	50 m
ti 1 Z (w γ_2)	Zementmergel	0 - 70 m
	r = Rauhe Kalke	
ti 1 L (w γ_1)	Liegende Bankkalke	40 m
ki 2 - 3 (w $\delta\varepsilon$)	Kimmeridge - Kalke	60 m
ki 1 (w γ)	Kimmeridge - Mergel	20 - 40 m
ox 2 (w β)	Oxford - Kalk	50 - 100 m
ox 1 (w α)	Oxford - Mergel	50 m
		Oberer Dogger

Schichtaufbau des Oberen Juras (Weißer Jura). Die geschichtete Fazies geht besonders im östlichen Donau-Aach-Gebiet durch das Wachstum von Schwamm-riffen in Massenkalk über.

reicht, wird vermutet. Die großen Erdfälle nördlich der Aachquelle könnten den Verlauf dieser Höhle andeuten. Das Spaltensystem der heutigen Aachhöhle ist jedoch viel jünger und wahrscheinlich erst in der Erdneuzeit entstanden. Es wird, wie oben schon erwähnt, angenommen, daß die Aachquelle seit dem Freiwerden des Eisrandtales Eigeltingen-Aach, etwa seit 16 000 Jahren, ausfließt. Es ist jedoch auch möglich, daß ähnlich wie das Talmühltal nördlich Engen auch das Tal bei Aach schon vor der letzten Eiszeit bis zur heutigen Talsohle eingetieft und damit die Aachquelle freigelegt war. Demnach hätte die Entwicklung des unterirdischen Flußsystems im Einzugsgebiet der Aachquelle schon wesentlich früher, nämlich etwa vor 100 000 Jahren, begonnen. Diese Überlegungen würden auch mit meinen Entdeckungen außerhalb der Aachquelle übereinstimmen. Denn dort habe ich ca. 5 m über dem Quellsee Tropfsteinreste entdeckt. Dies läßt vermuten, daß der Trichter über der Aachquelle eine Doline darstellt (eine vorhandene Tropfsteinhöhle ist eingebrochen), die durch Eismassen halbseitig freigelegt wurde, so daß das Quellwasser der Aach, so wie es heute noch der Fall ist, abfließen konnte.

Zurück zu den Fragen, warum die »junge Donau« gerade bei Möhringen und Fridingen ihr Wasser verliert, warum das »verschluckte Wasser« gerade diese Richtung einschlägt, warum die unterirdischen Wasserströme gerade in Aach wieder ans Tageslicht gelangen: Die Versickerung, der unterirdische Abfluß des Wassers und das Wiedererscheinen als Aachquelle vollziehen sich einzig und allein in den Erdschichten des weißen Juras oder Malms. Man unterscheidet je nach Gesteinsart verschiedene Horizonte oder Stufen, die sich bezüglich des Wassers ganz verschieden verhalten. Die einen sind wasserundurchlässig, und die anderen vermögen dieses aufzunehmen. Von oben nach unten ergibt sich im Malm folgendes Profil:

6. Mächtige und gebankte gelbe obere Malmkalke, bis 110 m mächtig.
5. Obere Malmmergel, 45 bis 50 m mächtig.
4. Massenkalk und Quaderkalk, ca. 80 m mächtig.

34

3. Mittlere Malmmergel, ca. 45 m mächtig.
2. Wohlgeschientete Kalke oder untere Malmkalke.
1. Untere Malmmergel, ca. 40 m mächtig.

Die Mergel 5, 3 und 1 sind im allgemeinen wasserundurchlässig, während die Kalke 6, 4 und 2 stark klüftig und daher in der Lage sind, das Wasser zu speichern und weiterzuleiten. Die Kalke sind an der Oberfläche Trockengebiete und mit Wald bedeckt, die mergeligen Horizonte können infolge ihrer Wasseraufnahme da und dort dem Feldbau dienen. Die Erdschichten im Voralpenraum liegen nicht horizontal, sondern fallen im allgemeinen nach Süden ab (etwa 2,5%), was für die Wasserleitung innerhalb der Schichten ganz besonders wichtig ist. Die Donauwasser haben also durch diese Gegebenheit die Neigung, nach Süden abzubiegen, falls unterirdische Wege es gestatten. Sie stehen nach Süden hin somit unter Druck und wollen bei »passender« Gelegenheit hochsteigen.
In der Stufe 2 versickert bei Möhringen an mehreren Stellen Donauwasser und kommt in der Stufe 4 als Aachquelle wieder zum Vorschein. Es verschwindet also in geologisch tiefere Lagen und tritt in geologisch höheren Lagen wieder zutage. Wie ist diese paradoxe Erscheinung zu erklären? Die geologisch höhere Lage liegt bei Aach 183 m tiefer als die geologisch tiefere Lage bei Möhringen und Tuttlingen, weil eben die Erdschichten nach Süden stark abfallen. Wie kann aber dieses Wasser aus der wasserdurchlässigen Stufe 2 durch die wasserundurchlässige Stufe 3 in die wasserdurchlässige Stufe 4 gelangen? Diese Kernfrage bedarf einer Erläuterung:
Die Landschaft zwischen Donau und Aach ist durch erdgeschichtlich jüngere Bodenbewegungen stark aufgelockert und gestört. Zwischen Immendingen-Möhringen-Tuttlingen und Aach-Hegau verlaufen sogenannte geologische Mulden, d. h. schwach eingesenkte Gebietstreifen. Aber auch zwischen Fridingen und Aach sind Verwerfungen oder Brüche festzustellen, die den wesentlichen Teil des Gebirgskörpers in die Tiefe verschoben haben. Die genannten Mulden und Verwerfungen stellen natürliche Fließwege

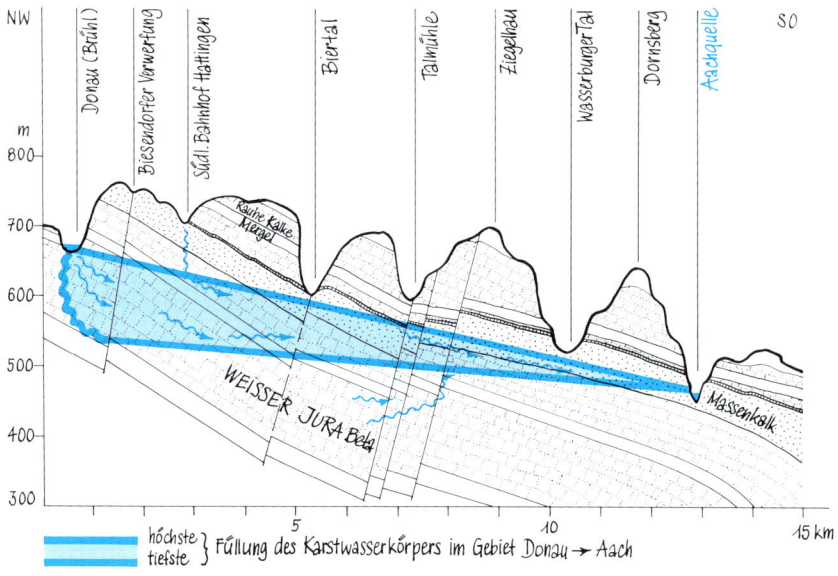

NW ... SO

Donau (Brühl)
Biesendorfer Verwerfung
Südl.Bahnhof Hattingen
Biertal
Talmühle
Ziegelhau
Wasserburger Tal
Dornsberg
Aachquelle

m
800–
700–
600–
500–
400–
300–

Rauhe Kalke Mergel

WEISSER JURA Beta

Massenkalk

5   10   15 km

höchste
tiefste } Füllung des Karstwasserkörpers im Gebiet Donau → Aach

Geologischer Schnitt durch das Aach-Verkarstungssystem.

der Gewässer, wobei jeweils durchlässige Malmstufen den Talrand und die Talsohle bilden, in denen das Wasser versickern kann. Zwischen diesen geologischen Tiefen liegen naturgemäß geologische Höhen oder Sättel, wo undurchlässige Malmstufen die Talsohle und Talhänge der Donau aufbauen und damit das Wasser dort festhalten. Solche Sättel findet man bei Hintschingen, Möhringen und zwischen Tuttlingen und Nendingen; hier ist ein Versickern des Wassers infolge des undurchlässigen Untergrundes der Donau unmöglich. In den Zwischenstücken, in den Gebieten der Mulden, ist ein Verschwinden des Wassers von Natur aus gegeben. Die Sattelachsen verlaufen ebenso wie die Muldenachsen in Richtung Aachquelle. Eine starke Abbiegung (Flexur) der Schichten bei Möhringen sorgte dafür, daß Teile der Gesteinsmassen absanken und damit eine Zerklüftung des durchlässigen Malm-2-Kalkes im Gewann Brühl, wo die Hauptversickerungsstellen liegen, hervorgerufen haben. Aber auch im Gebiet zwischen Donau und Aachquelle liegen mehrere, meistens in Richtung

36

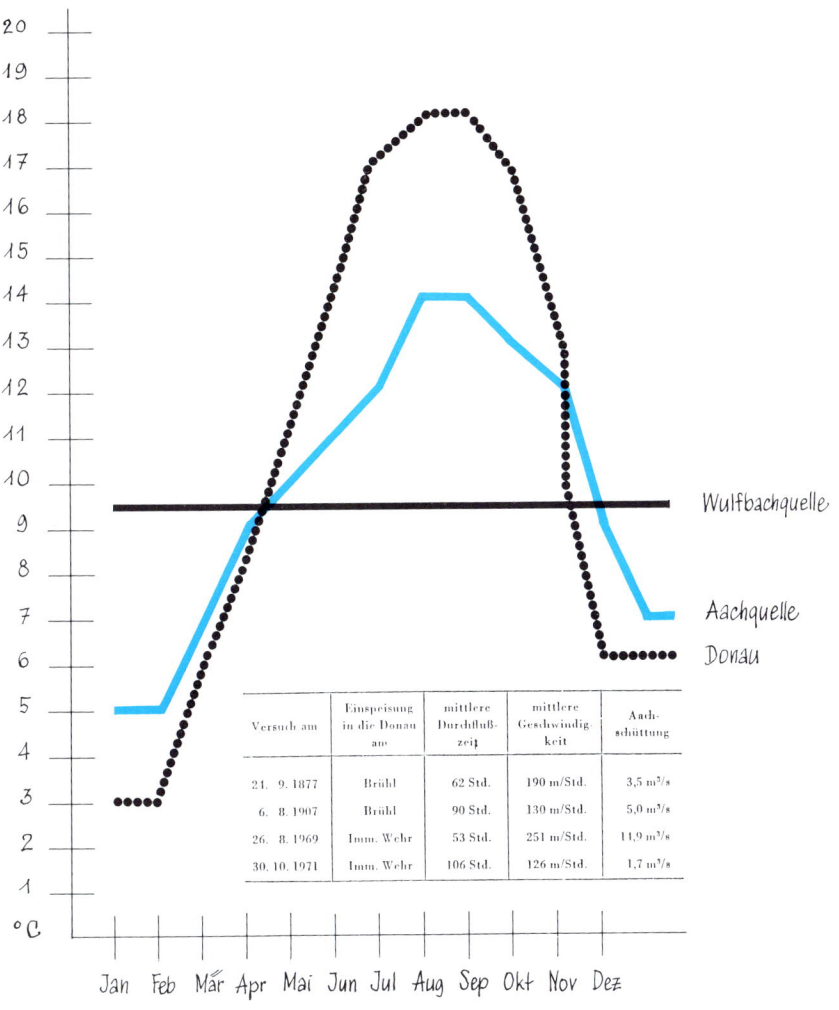

Versuch am	Einspeisung in die Donau am	mittlere Durchfluß- zeit	mittlere Geschwindig- keit	Aach- schüttung
21. 9. 1877	Brühl	62 Std.	190 m/Std.	3,5 m³/s
6. 8. 1907	Brühl	90 Std.	130 m/Std.	5,0 m³/s
26. 8. 1969	Imm. Wehr	53 Std.	251 m/Std.	11,9 m³/s
30. 10. 1971	Imm. Wehr	106 Std.	126 m/Std.	1,7 m³/s

Temperaturdiagramm.

Aachquelle orientierte Störungen bzw. Verwerfungen. Sie bedingen eine starke Auflockerung der Gesteinsmassen, so daß das Verschwinden des Wassers von der Oberfläche und der Weiterfluß in der Tiefe verständlich wird.

Wasserqualität und Wassertemperatur der Aachquelle spiegeln genau die der Donau wieder. Bei langsam fließenden Gewässern (z. B. Blautopf, Blaubeuren) ist das Wasser meist kristallklar und hat eine konstante Temperatur von 9,5°C. Die Aach hingegen korreliert recht eindeutig mit den Meßdaten der »jungen Donau«. Die Wassermassen, die der Quelle entströmen, werden seit vielen Jahrzenten gemessen. So konnte auch festgestellt werden, daß Durchlaufgeschwindigkeit und Schüttung in einem eindeutigen Zusammenhang stehen.

Eine Erkenntnis die aus solchen längerfristigen Untersuchungen gewonnen werden konnte: Auch wenn die Durchflußmenge um ein Vielfaches ansteigt, ruft diese lediglich eine Verdoppelung der Fließgeschwindigkeit hervor. Dies ist aber nur möglich, wenn der Durchflußquerschnitt deutlich größer werden kann, d. h. Spalten und Rinnen vorhanden sind, die die anfallenden Wassermassen aufnehmen und transportieren können. Jochen Hasenmayer kommt deswegen zur folgenden Annahme:

»Die Aachquelle schüttet fast 9 cbm/sec aus, die Durchlaufgeschwindigkeit des Donauwassers zwischen Brühl und Aach (wahre Entfernung mindestens 15 km) beträgt rd. 200 m/Std., also rd. 5 cbm/sec. Der Gang muß demnach auf 5 cm Länge einen Rauminhalt von durchschnittlich mindestens 9 cbm aufweisen, das heißt, er muß eine mittlere Mindestquerschnittsfläche von 180 Quadratmetern haben.«[5]

Auch die oben erwähnten Temperaturvergleiche erhärten diese Hypothese und erweitern sie dahingehend, daß der Querschnitt sich eher an einer zentralen Höhle als aus der Summe vieler kleiner Spalten ergeben muß. Hierzu wiederum der Experte Hasenmayer:

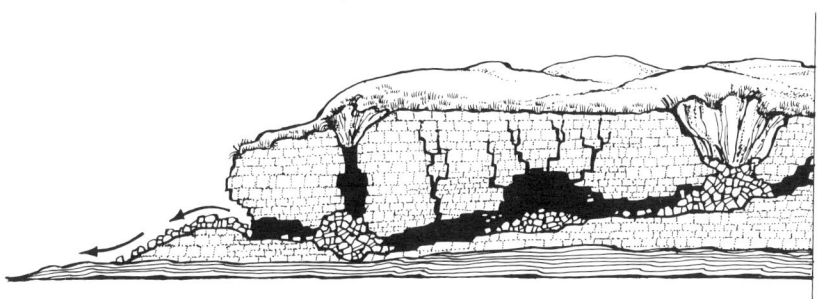

Blockbild der hypothetischen Urhöhle.

»Daß der Durchfluß tatsächlich aus kanalisierten Bahnen erfolgen muß, beweist das versickerte Donauwasser nach seinem Wiederauftauchen in der Aachquelle. Trotz der Vermischung mit Karstwasser hat es in relativ hoher Konstanz seine Eigentemperatur beibehalten. Ein Spaltensystem mit seiner im Verhältnis viel größeren Wandoberfläche hätte eine größere Wärmezu- und -ableitung zur Folge.«[6]

Im Zusammenhang mit den Überlegungen zur Höhlengröße darf vielleicht noch erwähnt werden, daß ich zur Zeit zusammen mit Rafael Grimm aus Rielasingen, einem erfahrenen Höhlenforscher, an einem Großversuch arbeite, der anhand von komplizierten Messungen und mathematischen Berechnungen aufzeigen und nachweisen soll, wie die Hohlräume hinter dem Versturz (600 m vom Quelltopf entfernt) aussehen müssen. Beginnt hinter dem Versturz die offene Flußhöhle oder tut sich sogar die hypothetische Urhöhle auf? Diese Fragen können wahrscheinlich nach Abschluß der Messungen in ca. zwei Jahren beantwortet werden. Man darf auf die Ergebnisse sehr gespannt sein, zumal sie wertvolle Anhaltspunkte für die weitere Erforschung des Aachverkarstungssystems geben könnten.

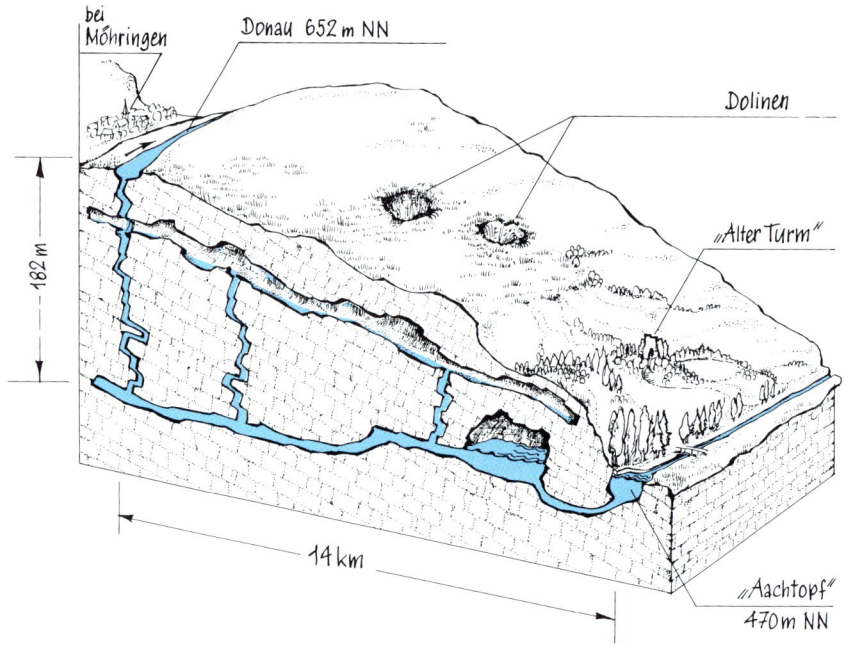

Unterirdische Erosion durch Verkarstung und Dolinenbildung in einem Kalkgebirge.

Eingestürzte Hohlräume: Vom Eggenschacht und der »Tiefen Grub«

Oberirdisch kann der Verlauf der Aachhöhle ein Stück weit verfolgt werden. Genau in nordsüdlicher Richtung gegen den Aachtopf zu befinden sich einige Dolinen, sogenannte Erdfälle. Weitere waren sicher vorhanden, wurden leider aber aufgefüllt und sind somit nicht mehr erkennbar. Dolinen oder Erdfälle bilden sich, wenn im Untergrund Hohlräume einstürzen.
Der größte dieser Erdfälle zwischen Donauversickerung und Aachursprung befindet sich ca. 600 m nördlich des Aachtopfes. Bei dieser Erdsenkung handelt es sich um eine gewaltige Doline. Es müssen also riesige Hohlräume vorhanden gewesen und dann

40

»Die tiefe Grube«.

eingestürzt sein, daß solche gewaltigen, jäh abfallenden »Löcher«
in der ansonsten eher sanft-hügligen Topographie dieses Gebie-
tes entstehen konnten.

Am 19. Januar 1980 wurde von Mitgliedern des Höhlenvereins
Hegau-Randen eine wichtige Entdeckung gemacht. Bei einer rou-
tinemäßigen Oberflächenbegehung im Wald Engen bei Aach, im
Bereich der großen Erdfälle, wurde am Rande der großen Doline
eine kleine Öffnung entdeckt, aus der Warmluft in Form von Nebel
aufstieg. Die Öffnung war lediglich faustgroß. »Wo kommt die
Warmluft her?« fragten sich die Hobby-Geologen und -Höhlen-
forscher. In Hohlräumen unter der Erde ist die Temperatur mit 8°C
meist konstant. Wenn nun, wie an diesem Tag, Außentemperatu-
ren von −10°C herrschen, steigt die Warmluft nach oben und
nimmt die Zustandsform des Nebels an. Aufgrund dessen mut-
maßte man, daß hier größere Hohlräume vorhanden sein müßten,
zu denen man den Weg freimachen sollte, um eventuell in die

Ein Steinblock erschwert den Einstieg.

gesuchten Donauhöhlen vordringen zu können. Die Stelle wurde markiert, um später die Öffnung zu erweitern.

Am 26. Januar 1980 rückten die Höhlenforscher mit schwerem Gerät an und gruben etwa 1,5 m tiefer. Plötzlich gab der Untergrund nach, und ein Schacht tat sich auf, der sich dann als Abrißkluft erwies. Diese Abrißkluft fällt in Stufen auf 15 m Tiefe hinunter. Mit zunehmender Tiefe wird sie immer enger und auch feuchter. Abrißkluften entstehen durch innere Kräfte in der Oberflächenkruste, die das Gestein keilförmig auseinandertreiben. Zu bemerken ist, daß der Wasserspiegel des Aachtopfes 70 m tiefer liegt als der Grund der Abrißkluft, also fehlen noch 50 m bis zur unterirdischen Donau.

Der Gedanke liegt nahe, daß sich Spalten und Klüfte finden lassen müßten, die weiter ins Erdinnere führen, die den Einstieg in nicht

Auf dem Weg zurück. ▷

eingestürzte Teile der Urhöhle ermöglichen könnten. Daß in Karst-
gebieten und im Kalkgestein Höhlen und unterirdische Wasserläufe vorhanden sind, ist ebenso selbstverständlich wie der Umstand,
daß es deswegen immer wieder zu Einstürzen von Hohlräumen
kommt. In der älteren heimatkundlichen Literatur stößt man dies-
bezüglich nicht selten auf Erstaunliches:

»Im Jahr 1711 öffnete sich im Spättling vor dem obern Thor / in
Jakob Riesens / Engel-Würths Acker / ohnfern dem Hohnberg /
worauf vor dem 30jährigen Krieg noch / wie die Rudera zeigen /
ein Schloß gestanden / gelegen / die Erde etwann Manns tief in
ziemlicher Breite; Folgenden Jahres führt der Engel-Würth 20
Wägen Stein ins Loch / füllet es aus / und zog den Boden wieder
eben / allein es hielte nicht / sondern die Stein suncken alle in die
Tieffe / und das Loch wurde nach und nach tieffer und breiter.
Weilen man nun sich einbildete / man höre in der Tieffe ein Wasser
rauschen / so wagten sich An. 1713 drey Männer hinunter / zu
erfahren / was in der Tiefe wäre; Sie mußten aber bald durch ein
enges Loch zwischen zwey Steinen hindurch schlupffen: da es
immer weiter / aber auch immer gäher und tieffer wurde / daß sie
immer sich halten mußten; Zuletzt kamen sie in einen gantzen
weiten Raum / wie in ein hohes Gewölbe / und funden ein Wasser
/ das aus dem Berg allenthalben heraus riselte halb Manns tieff /
drinn gingen sie / Lichter in Händen habend / eine Weile fort /
fanden aber wieder lauter Berg und Erde vor sich / im Wasser
aber einen Würbel oder Loch / durch welches als Armbs weit das
Wasser immerfort ablieffe in eine andere Tieffe. Weiter nun kunn-
ten sie nichts erfahren. Sie sagten: das Wasser wäre nicht sonderlich kalt / und gantz helle / daß sie bey Licht die Stein im Wasser
hätten wahrnehmen können. Einer hatte ein Seil mit genommen /
die Tieffe zu erfahren / und fand sich die gantze Klufft 60 Klaffter
tief. Einige Reisende Leute wollten sagen: Es möchte in der Tieffe
Quecksilber seyn / dann das ziehe alles nach sich; Andere aber
hieltens vor einen verborgenen Wassergang und Fall in die Erde.
Leute aber in Duttlingen sagten bey dieser Begebnuß aus / daß als
man sich erinnere / schon vor etwa 50 Jahren ein so genannter /

erfahrner Schühler ausgesagt: wann man graben möchte / würde man unter dem Feld an dem Hohnberg in der Tieffe ein Wasser finden / das so breit und tieff als die Donau / so nächst der Stadt vorbey fließet. Wunderbarlich sind Gottes Werck! den 23. Junii 1717.«

Auch wenn an dem Wahrheitsgehalt dieses Zeitungsberichtes Zweifel erhoben werden dürfen, ist unbestreitbar, daß verschiedene Einsturzdolinen das verschwindende Donauwasser auf seinem Weg in den Hegau begleiten und markieren.

ABGETAUCHT IN DIE QUELLHÖHLE DER AACH

Von Pionierleistungen und verhängnisvollen Tauchgängen

Immer wieder haben Taucher versucht, den Geheimnissen der Aachhöhle auf die Spur zu kommen. Einige mußten sogar mit ihrem Leben dafür bezahlen. Im Jahre 1886 versuchte erstmalig ein Helmtaucher, der enormen Kraft des ausströmenden Wassers zu widerstehen und ins Innere des Berges, an dessen Fuß die Aachquelle entspringt, vorzudringen.

»Untersuchung der Aachquelle. Heute stieg lt. Kö. Ztg. der Taucher M. Hoch hier in die Aachquelle. Man erfuhr, daß in einer Tiefe von etlichen 40 Fuß = 12 m das Wasser aus einer Oeffnung von etwa 4 Fuß im Geviert herauf sich dränge und mit großer Gewalt den Taucher zurückgeworfen habe, und ein Hinabsteigen in die Felsenöffnung sei unmöglich...« (Badische Landeszeitung, 5. Juni 1886)

Zu bemerken ist, daß man zur damaligen Zeit noch keine Tauchgeräte besaß, wie man sie heute verwendet. Es war also ein äußerst mutiger Vorstoß in unbekannte Tiefen. Alle weiteren Einstiegsversuche, soweit darüber berichtet wurde, scheiterten ebenso. Erst 1962 gelang es einer Darmstädter Sporttauchergruppe, den Eingangsbereich zu erforschen, und eine Singener Tauchgruppe drang sogar 60 m tief in den Berg vor. Bei diesem mutigen Vorstoß wollten sie prüfen, ob es möglich sei, Fotoaufnahmen zu machen. Zum anderen wollten sie die Tiefe und den Einstieg in die

Diese sechs Männer vom Tauchclub Singen entdeckten 1962 die Aachhöhle unter ▷ der Leitung von Sepp Ment (Mitte, mit Unterwasserkamera). Er war einer der Pioniere bei der Erkundung der Aachhöhle. Bei ihm holte sich unter anderem Jochen Hasenmayer aus Pforzheim, der später die Höhle weiter erkundete, wertvolle Informationen. Der Jüngste der Tauchergruppe war Alfred Gohm aus Aach (ganz rechts). (Aus: Südkurier vom 26.10.1962.)

Singener Taucher entdeckten Höhle hinter der Aachquelle

Bis zu 50 Meter vorgestoßen - Führungsseil verwickelte sich im Gestein - Stärkere Scheinwerfer notwendig

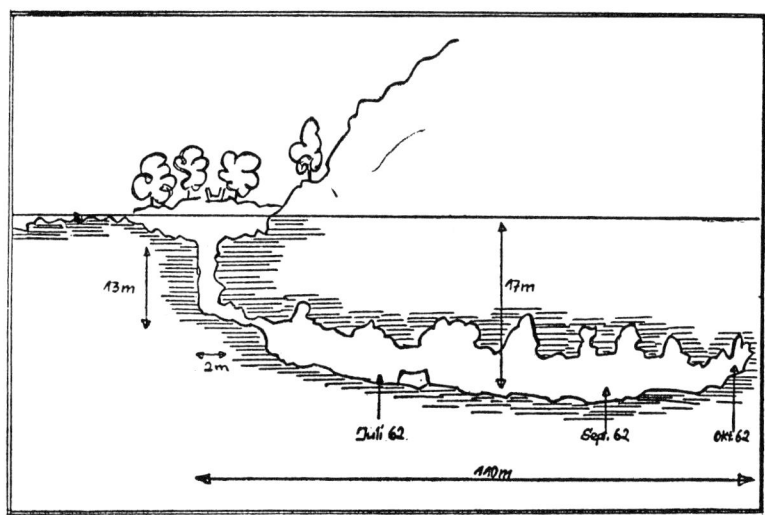

Der Aachtopf, im Querschnitt dargestellt. In einer Sekunde entströmen dieser
Quelle 10 000 Liter Wasser (maximal 24 800 Liter).

Höhle vermessen und karthographische Aufzeichnungen vorneh-
men. Erfolg: schlechte Lichtverhältnisse, Geröll, Schlamm, trübes
Wasser.
Im selben Jahr startete auch Jochen Hasenmayer, ein Pionier des
Höhlentauchens, seine Tauchgänge in der Quellhöhle der Aach.
Er stieß hierbei 110 m weit vor und glaubte zunächst, ans betauch-
bare Ende der Unterwasserhöhle gelangt zu sein. Seine Beobachtungen und Erkenntnisse führten allerdings zunächst zu recht va-
gen Vorstellungen über die unterirdische Aach.
Hasenmayer forschte jedoch weiter. In den Folgejahren gelang es
ihm, eine Wegstrecke von ca. 400 m zu durchtauchen, wobei er
sogar noch einen Weltrekord im Höhlentauchen aufstellte. Seine
Eindrücke und Einsichten gab er folgendermaßen wieder:

»Erst 1969 gelang es, vom Punkt 110 m aus unmittelbar gegen die
Strömung nach Norden vorzudringen. Wandspalten und Boden-
unebenheiten als Griffe benutzend, zog ich mich durch eine blank

geschliffene, röhrenartige, 10 m lange Strecke, deren geringer Querschnitt eine der Düse ähnliche Strömungsgeschwindigkeit erzeugt. An einem Versturz stieg ich auf 6 m Wassertiefe hoch, durchquerte ihn und gelangte über eine 12 m tief abstürzende Wand wieder auf 18 m. Tatsächlich liegt der Ganggrund hier etwas höher, denn es ist das Rückstaubecken der durchquerten Engstelle. Immer in dieser Tiefe, bei oft kräftigem Gegenstrom und entsprechend häufig schlammfreiem Grund, der starke Korrosionsspuren in Form langausgezogener, zerfressener Rinnen mit papierdünnen Rändern aufweist, läuft ein großer, versturzfreier Gang 300 m weit – von einer angedeuteten Doppelkehre abgesehen – geradewegs nach Norden. Er ist in allen charakteristischen Merkmalen die Fortsetzung des vorderen Hauptganges. 400 m weit vom Höhleneingang entfernt weitet er sich. Versturzblöcke und Schlammhügel bedecken den Grund. Im ersten Versuch gelingt es nicht, den Weiterweg zu finden.«[7]

Im Jahre 1970 entdeckte Hasenmayer bei einem Tauchgang zwei über Wasser liegende Hallen, was der weiteren Erforschung der Aachquelle wichtige Impulse gab. Die tragische Komponente dieser Pionierarbeit soll und darf aber nicht verschwiegen werden: Im April 1963 forderten die Tauchversuche bei einer erneuten Tauchexkursion des DVC Darmstadt ihr erstes Opfer. Der 23jährige Dieter Christian Goetz aus Frankfurt verunglückte trotz einwandfreier Sicherungsvorkehrungen tödlich. Sein Tauchkamerad brachte ihn besinnungslos nach oben, die Wiederbelebungsversuche waren jedoch erfolglos. Er starb auf dem Weg ins Krankenhaus Singen.
Ein weiteres tragisches Unglück ereignete sich im Jahre 1979, als der damals 19jährige Petro Kuk einen Tauchversuch unternahm. Zusammen mit seinem Kameraden Norbert Barusel wollte er ca. 120 m in die Höhle vorstoßen. Alles war für den nächsten Tag vorbereitet. Die Tauchausrüstung war bestens zusammengestellt. Der junge Petro wollte jedoch am Samstagabend mit einem kleinen Tauchgerät (3-L-Tauchflasche) den Eingangsbereich erkunden. Nachdem 30 Minuten verstrichen waren, wurde sein Tauch-

kamerad Norbert ungeduldig. Nach ein paar weiteren Minuten war ihm bereits klar, daß sein Freund tot sein mußte, denn das Gerät, das der Verunglückte dabeihatte, reichte lediglich für ca. 20 Minuten. Sofort legte er sich die Ausrüstung an und stieg in den Quelltopf hinab. Dort fand er seinen toten Freund in der Höhle. Das Atemgerät war nicht leergeatmet. Petro Kuk starb vermutlich an Syphonpanik. Syphonpanik ist das Schlimmste, was einem Taucher passieren kann.

Wie es dazu kam, kann nicht mehr rekonstruiert werden. Vermutlich wollte er wie abgemacht lediglich den Eingangsbereich erkunden und kam versehentlich in die Höhle. Als er bemerkte, daß er sich bereits in der Höhle befand und keine Sicherungsleine hatte, die ihm den Weg hinaus hätte zeigen können, bekam er Panik und starb so aus Angst.

In den 80er Jahren wurden zahlreiche Tauchexpeditionen in die unterirdische Aach durchgeführt. Es wurde gezeichnet, fotografiert und gefilmt, es wurde gemessen und untersucht.

Nicht ohne Stolz kann ich behaupten, am häufigsten eingetaucht zu sein und die umfangreichste Materialbasis geschaffen zu haben. Neben diesem Buch haben meine Exkursionen in der Aachhöhle vor allem in Filmen ihren Niederschlag gefunden, die schon mehrfach sehr erfolgreich in Aach und anderen Hegaugemeinden vorgeführt wurden. Den ersten Streifen betitelte ich mit »Der verschwundene Fluß«. Dieser zeigt neben Tauchaufnahmen die Versickerungsstellen bei Immendingen, erzählt von den oberirdischen Gegebenheiten der Donauversickerung und der Aachquelle, berichtet von den großen Dolinen und Schächten, die möglicherweise zu den vermuteten Donauhöhlen führen könnten. Der zweite Film trägt den Titel »Taucherexkursion in die Aachquelle«. Hierin wird gezeigt, wie Taucher sich mühevoll in diesem unterirdischen Labyrinth vorwärtskämpfen, ihren Weg durch Schlammbahnen und unberechenbare Strömungen suchen, hinauf durch Spalten, hinab in Abgründe, bis hin zu den Auftauchstellen tief im Innern des Berges, wo sich ein relativ großer Höhlensee befindet. Die Lage und Ausdehnung des Höhlensystems habe ich bei meinen verschiedenen Tauchgängen ebenfalls erkundet und zunächst vage festgehalten. Wenn meine hierbei gewonnenen Daten auch keinem messungstechnischen Standard, wie er an der Erdoberfläche verlangt wird, standhalten würden, so haben sich die Meß- und Schätzergebnisse doch so verdichtet, daß ein Höhlenplan mit gutem Gewissen erstellt werden konnte.

Mit dem bisher Erreichten ist allerdings mein Forschungsdrang und meine Neugierde danach, was die Aachhöhle noch alles zu bieten hat, keineswegs befriedigt. Ich hoffe, noch etliche Jahre meiner Leidenschaft frönen zu können.

Ein Sporttaucher wird vom Höhlenfieber gepackt

Erst relativ spät befaßte ich mich mit dem Höhlentauchen. Begonnen habe ich im Dezember 1978. Damals war ich bereits 34 Jahre alt. Bis dahin war ich begeisterter Sporttaucher und in der Tauchgruppe Überlingen organisiert. Taucherfahrungen sammelte ich im Bodensee. Viele Tauchabstiege bei Nacht brachten mir die nötige Sicherheit beim Tauchen. Dies sollte mir beim späteren Höhlentauchen zugute kommen. Da ich mich für Höhlen allgemein interessierte, lag es nahe, auch einmal in einer Höhle zu tauchen. Ein Tauchfreund aus der Tauchgruppe Überlingen, René Hertel, der auf diesem Gebiet Erfahrung hatte, sprach mich darauf an, ob ich nicht Lust hätte, eine Höhle zu begehen. Die Begeisterung war groß, und ich freute mich riesig auf diesen Tauchgang. Dieses Erlebnis wollte ich mir nicht entgehen lassen.

Am 2. Dezember 1978 war es soweit. Es sollte in die Wimsener Höhle bei Zwiefalten gehen. Auf der Fahrt dorthin war ich noch guter Dinge. Doch als wir vor dem Eingang standen, wurde es mir etwas mulmig in der Magengegend. Ein dunkles Portal tat sich vor uns auf. René machte mir jedoch Mut und meinte, es sei ein Kinderspiel, in die Höhle zu tauchen, der Syphon sei lediglich 30 m lang. Nun begannen wir unsere Ausrüstung anzulegen. Wenn ich heute zurückdenke, so muß ich sagen, daß wir grob fahrlässig gehandelt haben, was die Ausrüstung anbelangt. Man hätte uns auch als potentielle Selbstmörder bezeichnen können. Die Ausrüstung war mehr als unzulänglich. Daß damals nichts passiert ist, haben wir nur dem Umstand zu verdanken, den man mit »Anfängerglück« umschreiben kann. (Die Ausrüstung, die heute als zweckmäßig und modern bezeichnet wird, werde ich weiter unten erläutern.) Zunächst fuhren wir mit einem Boot ca. 80 m in die Höhle, soweit ist die Wimsener Höhe touristisch erschlossen. Am Engpaß senkt sich die Decke ins Wasser, jetzt mußte getaucht werden. René ging als erster, dann folgte ich ihm. Mein Herz schlug wild, und ich mußte mich sehr beherrschen. Jedoch als ich unter Wasser war und mein Scheinwerfer durch das kristallklare Wasser leuchtete, wich die Angst und schlug sogar ins Gegenteil um. Ich war begeistert. Das Höhlentauchvirus hatte mich gepackt. Es waren derartig unvergeßliche Eindrücke, daß sie mich bis heute nicht mehr losgelassen haben. Diese Empfindungen waren total anders als bei den Tauchgängen im Bodensee. Es war ein sonderbar erhebendes Gefühl, im kristallklaren Wasser durch die Gänge zu schweben. Nach diesem Höhlentauchgang entschloß ich mich, weiter in Unterwasserhöhlen zu tauchen und Aufnahmen zu machen. Diese Eindrücke wollte ich mit der Kamera festhalten. Viele Höhlentauchgänge folgten: Blautopf, Wulfbachquelle, Bröller bei Thiergarten und verschiedene Unterwasserhöhlen im Ausland waren in den folgenden Monaten und Jahren mein Ziel. Aber erst im Jahre 1980 befaßte ich mich mit der Aachquelle, die als besonders schwierige Unterwasserhöhle gilt.

Mein erster Tauchabstieg in die Aachhöhle

Mein erster Tauchgang in die Aachhöhle erfolgte am 9. November 1980 – er wäre auch fast mein letzter geworden. Sorgfältig stellte ich meine Ausrüstung zusammen. Ich hatte mir vorgenommen, alles doppelt zu prüfen und mir Zeit zu lassen. Zuerst, wie beim Tauchen obligatorisch, betrachtete ich den Quelltopf genau von außen. Die Schüttung betrug 5000 l/sec. Dies hatte ich beim Kraftwerk in Aach in Erfahrung gebracht. Die Sicht war nicht besonders gut, höchstens 1 m, es herrschten also nicht gerade

Hier bereitet sich der Höhlentaucher für den Tauchabstieg in die Aachhöhle vor. Es gehört schon eine Menge an Ausrüstung dazu, um ein solches Unternehmen sicher durchführen zu können. Im Sommer, wenn das Wasser nicht so kalt ist, taucht man am besten mit einem herkömmlichen Naßtauchanzug. Jedoch im Winter, wenn das Wasser lediglich 5°C warm ist, benötigt man einen Trockentauchanzug, der es erlaubt, für mehrere Stunden im eiskalten Wasser der Aachhöhle zu tauchen.

Alle Kontrollmaßnahmen sind getroffen, die Lampen eingeschaltet… – Es kann losgehen.

ideale Verhältnisse. An der Schwinde legte ich die Ausrüstung an und schwamm zur anderen Seite des Quelltopfes.

Nochmals wurden alle Instrumente überprüft, dann tauchte ich ab und tastete mich an der rechten Begrenzungswand an einem schräg abfallendem Hang hinunter. Die Gegenströmung war enorm. Wenn der Helm mit den Lampen nicht an einem Riemen um mein Kinn befestigt gewesen wäre, so hätte ihn mir die starke Strömung vom Kopf gerissen. Je tiefer ich mich entlang großer Felsbrocken hinabzwängte, um so dunkler wurde es um mich, so daß ich bereits hier die Scheinwerfer einschalten mußte.

Die Gegenströmung wurde immer heftiger. Plötzlich zischte eine von meinem Licht aufgescheuchte Forelle an meiner Tauchmaske vorbei. Sie war wahrscheinlich mehr erschrocken als ich. Langsam

Der Eingangsspalt in die geheimnisvolle Welt der Aachhöhle. ▷

54

wurde die Strömung so stark, daß ich mich nur unter äußerster Anstregung vorwärtsarbeiten konnte. Wo war der Eingang, die Düse, die engste Stelle der Unterwasserhöhle? Dort sollte ja die Strömung am stärksten sein. Inzwischen war ich total außer Atem und zog mich zurück in eine Nische, um mich auszuruhen. Nach fünf Minuten startete ich einen neuen Versuch am Grund entlang, dort schien mir die Strömung nicht so heftig zu sein wie in der Mitte. Nach Griffen suchend und heftig mit den Flossen schlagend bewegte ich mich vorwärts. Ein donnerndes Geräusch sagte mir: »Jetzt bist du am Eingang der Düse, an der Pforte zu einer geheimnisvollen unterirdischen Welt.« Nach ca. 10 Minuten Kampf mit dem mächtigen Quellstrom ließ die Strömung allmählich nach und war dann fast gänzlich weg. Das donnernde Geräusch war auch nicht mehr vernehmbar, ich befand mich in der Höhle. Nach kurzem Ausruhen, um die Atemfrequenz zu senken, überprüfte ich nochmals alle Instrumente. Eine Flasche war fast zu einem Drittel leergeatmet. Durch die enorme Anstrengung war die Atemfrequenz sehr hoch und dadurch auch der Luftverbrauch sehr groß. Langsam bewegte ich mich in der fremden und doch faszinierenden Welt, vorbei an scharfkantigen Felsen, die durch das unbändige Schaffen des Wassers herausgebildet worden waren. Sie werden als Erosionsrillen bezeichnet.

Am Ganggrund lagen Geröll und Felsblöcke. Doch alsbald bemerkte ich, daß der Boden auch mit feinen Sedimenten bedeckt war. Ein Blick zurück machte mich etwas ängstlich: Durch die Flossenschläge wurden die feinen Lehmablagerungen in dichten Wolken aufgewirbelt, die Sicht zurück war minimal. Was mich jedoch noch mehr beunruhigte, waren die vielen Führungsleinen von früheren Tauchern, die frei in der Strömung des Quellstromes wie Fahnen im Wind flatterten. Darunter war auch ein Bergsteigerseil, dessen Mantel am Ende fehlte, und Hunderte von Schnüren, die in der Strömung des Wassers tanzten. Eine gefährliche Falle, wenn man sich darin verfängt. Ich hatte mir vorgenommen, diese Falle beim Zurücktauchen zu beseitigen. Nach etwa 50 m Tauchstrecke drehte ich um. Durch die aufgewirbelten Sedimente fand ich das Seil mit den vielen Schnüren nicht mehr. Ich ließ mich von

Die Düse, die engste Stelle der Höhle.

der Strömung zurücktreiben. Aber plötzlich gab es einen Ruck, und ich saß fest. Was war das? Ein Griff hinter den Kopf, und ich hatte begriffen, es war das ausgefranste Bergsteigerseil. Der anfängliche Schreck ließ gleich nach, denn ich wußte mir zu helfen. Ich hatte am Bein einen Seitenschneider befestigt, mit dem ich die Seile durchzuschneiden gedachte. Ein Griff zum Bein und das Pech kam zurück. Durch das kalte Wasser (ca. 5°C) waren meine Finger trotz Neopren-Handschuhen ziemlich klamm, so daß mir der Seitenschneider aus der Hand fiel. Jetzt wurde es mir heiß, obwohl ich zuvor gefroren hatte. Mein Herz schlug wild, und der Hals war wie zugeschnürt. Angst kam auf, und der Atem wurde immer schneller. »Jetzt nur nicht die Nerven verlieren«, sagte ich mir. Ich wagte nicht, den Luftvorrat zu prüfen, jede Sekunde war kostbar. Weit konnte die lebensrettende Zange nicht sein. Nun begann ich, im Schlamm blind danach zu tasten. »Hoffentlich finde ich sie!« dachte ich. »Hier ist sie nicht und da nicht…« Endlich, nach sechs für mich sehr langen Minuten fand ich die Zange und konnte mich befreien: »Nichts wie raus hier!«

Oben angekommen, setzte ich mich erstmal mit zittrigen Beinen ans Ufer. Bei einem späteren Tauchgang habe ich sämtliche losen Führungsseile entfernt.

Durch das Wasser des Quellstromes herausgearbeitete Erosionsrillen. ▷

DIE AACHQUELLE – ÜBER UND UNTER WASSER

Ein Hegauflüßchen mit spektakulärem Ursprung

Am östlichen Rand des gleichnamigen Städtchens gelegen, stellt der Aachtopf die größte Quelle Deutschlands dar. Das in 475 m Meereshöhe wieder zutage tretende Donauwasser fließt von dort munter durch den Hegau und mündet als sogenannte Radolfzeller Aach in den Bodensee. Die Schüttung der Aachquelle zeigt große Schwankungen. Sie bewegt sich zwischen Minimalmengen von ca. 1,3 cbm/sec und Höchstausstößen von ca. 24 cbm/sec. Die durchschnittliche Schüttung dürfte jedoch bei 8,6 cbm/sec liegen. Der Aachtopf selbst ist eine trichterartige Doline. Auch hier ist vor Jahrtausenden ein großer Hohlraum eingestürzt. Tropfsteinreste und rundgeschliffene Felskanten beweisen, daß dort, wo heutzutage Aachquellbesucher von einer sicheren Brücke aus in den brodelnden Quellstrom hinunterschauen, eine wasserführende Höhle gewesen sein muß. Als das Tal nach Eigeltingen noch nicht bestand, brach wahrscheinlich damals bereits dieser Hohlraum ein und verstopfte teilweise die Unterwasserhöhle. Durch die Zyklen der Eiszeit wurde dieses ostwärts gerichtete Tal ausgeräumt und gleichzeitig die Doline halbseitig abgeschnitten. Immer mehr Fels und Erdreich brachen nach, so daß der Wasserstrom entweichen und oberirdisch abfließen konnte. Die Aachquelle war entstanden! Daß das ursprüngliche Höhlensystem sich in 15 m Tiefe in südlicher Richtung fortsetzt, kann durch eine Spalte, die direkt im Flußbett liegt, bewiesen werden. Wenn die Quelle viel Wasser schüttet, dann erscheint plötzlich in der Mitte der Aach eine Quelle. Es kann nur einen Grund geben: Das 20 m tiefer liegende System kann die Wassermengen nicht mehr transportieren, so daß diese nach oben gedrückt werden. Im umgekehrten Falle, bei geringer Schüttung, verhält es sich so, daß das Wasser sogartig in die Spalte hineingezogen wird.
Das gleiche Phänomen kann bei der 20 m von der Hauptaustrittsstelle entfernten Nebenquelle, von der noch zu berichten sein wird,

Quellspalte, 50 m vom Quelltopf entfernt.

beobachtet werden. Schüttet die Aachquelle viel Wasser, sprudelt auch hier das Wasser. Schüttet sie wenig Wasser, wird die Quelle zur Schwinde, d. h., das Wasser fließt aus dem Quellsee in den Fels zurück. Dem ist hinzuzufügen, daß die meisten Nebenquellen nur bei Hochwasser deutlich sichtbar schütten.

Zu erwähnen ist auch noch eine 70 m nordöstlich des Aachquelltopfes vorhandene Einbuchtung in den rückwärtigen Berghang, die dem Aachursprung sehr ähnelt. Aus dieser sogenannten »Delle« sei in früheren Zeiten bei starker Schüttung der Aach ebenfalls Wasser ausgetreten. Genauere Angaben bzw. Aufzeichnungen fehlen jedoch.

Ausmaße und Beschaffenheit des Quelltopfes

Am linken Rand des Quelltopfes befindet sich eine Felsbank, die den Topf teilt. Durch einen engen Durchgang ist die kleinere Spalte mit der Hauptspalte verbunden. In 5 m Wassertiefe kann unter dem nasenförmigen Felsen durchgetaucht werden. In 9 m Tiefe fällt der Gang dann schräg bis auf 12 m Wassertiefe ab. Dort befindet sich der eigentliche Eingang in die geheimnisvolle unterirdische Welt (vgl. Grafik auf Seite 63).

Der Wurzelgang

In der linken Spalte des Aachtopfes befindet sich in 3 m Wassertiefe eine enge Röhre, aus der das Wasser mit enormen Druck herausströmt. Im Jahre 1980, es war der 11. November, entdeckte ich diesen Gang durch Zufall bei einem Tauchgang zur Vorbereitung von Vermessungsarbeiten im Topf. Die kleine Höhle war weitgehend mit Geröll verstopft und nicht betauchbar. Sogleich begann ich mit Räumarbeiten. Es sah vielversprechend aus. Ein paar große Versturzblöcke verschlossen den ganzen Gang, kleinere Gesteinsbrocken dichteten den Wasserzufluß teilweise ab. Nach kurzer Zeit hatte ich die größten Hindernisse beseitigt, das Kleinmaterial wurde vom Wasserdruck hinausgespült. Die Öffnung wurde größer, und ich konnte eintauchen und mich durch den schulterbreiten Spalt zwängen.

Bei mehreren späteren Tauchgängen habe ich die Röhre bis auf 10 m freigelegt, bis zu einem Versturz, der abermals den Weiterweg versperrte. Dieser Versturz bildete das vorläufige Ende der Neuentdeckung. Größere und kleinere Gesteinsbrocken waren mit einem dichten Netz von Wurzeln umschlungen. Die Wurzeln stammten von Bäumen, deren Wurzeln durch das rissige Gestein bis zum Wasser wuchsen. Es wäre leicht gewesen, diese Wurzeln einfach abzuschneiden, der Gang hätte ausgeräumt und die Höhle weiter erkundet werden können. Ich habe jedoch von diesem Vorhaben abgesehen, denn ein lebender Baum ist mehr

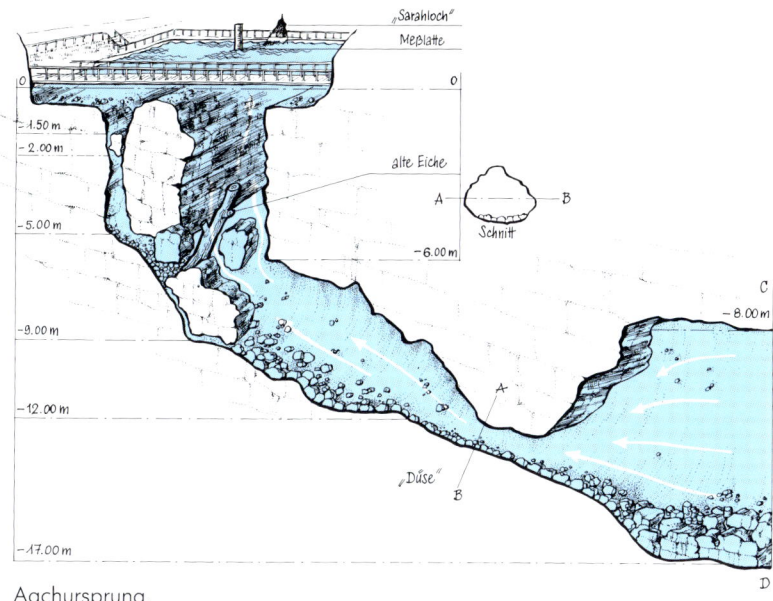

Aachursprung.

wert als die Erkundung einer kleinen Nebenhöhle. Diesen Seitengang habe ich wegen der Wurzeln Wurzelgang genannt.

Die Schwinde

Etwa 20 m südlich der Aachquelle befindet sich eine Felsnische,
aus der normalerweise Wasser sprudelt. Aber manchmal, nach
längerer Trockenzeit, ist es gerade umgekehrt, d.h. das Wasser
verschwindet. Seit jeher wurde über diese Kuriosität gerätselt und
spekuliert: Wo kommt das Wasser her, wo fließt es hin?
Festgestellt hat man, daß es sich wie bei der Aachquelle um
Donauwasser handelt, das bei Immendingen im Jurakalk verschwindet. Durch Färbversuche hat man dies nachgewiesen. Das
grün gefärbte Wasser trat auch aus dieser Nebenquelle aus.
Durch Beobachtungen und Messungen konnte man feststellen,
daß sie dann aktiv wird, wenn die Aachquelle viel Wasser schüttet.

Quellspalt der Schwinde.

Bei Schüttungen unter 3000 l/sec wird die Nebenquelle jedoch zur Schwinde. Das Wasser, das aus dem Aachtopf entströmt, fließt dann durch die Spalte der Schwinde ab und »verschwindet« im wahrsten Sinne des Wortes. Denn auch hier hat man Färbversuche unternommen, jedoch ohne Erfolg. Das gefärbte Wasser ist an keiner Stelle im Bereich des Aachtopfes wieder ans Tageslicht gekommen.

Meine Tauchabstiege in der Schwinde, dazu Fotoexkursionen und Entdeckungen im Bachbett selbst haben aufschlußreiche neue Aspekte erbracht. In einem vorigen Kapitel (Seite 40) habe ich erläutert, daß der Aachtopf eine Einsturzdoline darstellt und dadurch der weitere Gangverlauf der ursprünglichen Aachhöhle unterbrochen worden ist.

In 20 m Tiefe, von Versturzblöcken versperrt und abgedichtet,

◁ Im Wurzelgang.

Äußerst mühsam ist es, sich in der Schwinde zu bewegen.

verläuft die alte Höhle weiter in südlicher Richtung. Diese Hypothese wurde durch die Entdeckung einer Spalte im Flußbett 50 m südlich des Aachtopfes erhärtet. Auch dort sprudelt das Wasser empor, wenn der Aachtopf viel Wasser schüttet. Bei Niedrigwasser fließt auch dort das Wasser ab. Diese Spalte verläuft geradewegs in nordsüdlicher Richtung. Der Quellspalt der Schwinde ist sehr eng, und man muß sich über eine Geröllhalde hindurchzwängen, wenn man durch diese Öffnung in den Berg eindringen möchte.

Nach ein paar Metern wird es etwas geräumiger, und man kann sogar aufrecht stehen. Am Ganggrund öffnet sich eine Spalte, die jäh in einen Abgrund übergeht. Die Spalte ist sehr eng und im oberen Teil wohl nicht betauchbar. Einen Tauchversuch habe ich

In der Schwinde. ▷

jedoch noch nicht unternommen. Mit meinem Scheinwerfer konnte ich die Spalte bis auf 10 m Wassertiefe ausleuchten, und es hat den Anschein, daß sich die Spalte nach unten erweitert. Das Profil entspricht somit dem der Haupthöhle. Mit großer Wahrscheinlichkeit stellt diese Quellspalte die Fortsetzung des Aachverkarstungssystems hinter den Versturzblöcken der Aachquelle dar.

Jetzt ist auch klar, warum bei den Färbversuchen das mit Uranin gefärbte Wasser nirgendwo mehr beobachtet werden konnte. Es verschwand in der Spalte und bewegte sich im alten Gangsystem weiter, um in der Gegend von Volkertshausen in den Kies des Singener Beckens abzufließen. Bis dorthin hat sich das Wasser mit dem Farbstoff so verdünnt, daß er nicht mehr registriert werden konnte.

Ein Eichenstamm im Quelltopf

In der Badischen Landeszeitung vom 5. Juni 1886 findet sich die folgende Notiz:

»Vor etwa 17 Jahren fiel eine kleine Eiche hinunter in die Quelle. Man war nun sehr begierig, wo dieselbe liege, und ob sie nicht wieder sammt der darum gewickelten Kette zu heben wäre. Aber der Taucher fand hiervon keine Spur mehr…«

Es ist nun 120 Jahre her, seitdem die Eiche in den Quelltopf gefallen ist. Am 21. Januar 1989 startete ich bei guter Sicht einen Tauchgang, um die geheimnisvolle Eiche zu suchen. In ca. 10 m Tiefe entdeckte ich an der linken Wand, die etwas überhängend ist, etwas Schwarzes, das aussah wie ein Baumstamm. Nach näherem Betrachten kam ich zu der Überzeugung, daß es sich um die besagte Eiche handelte. Mit dem Tauchmesser versuchte ich ein Stück Holz abzuschneiden, jedoch vergeblich. Das Holz ist inzwischen so hart wie Stein geworden. Die Eisenkette, mit der die Eiche angeblich umwickelt war, konnte ich jedoch nicht finden. Es

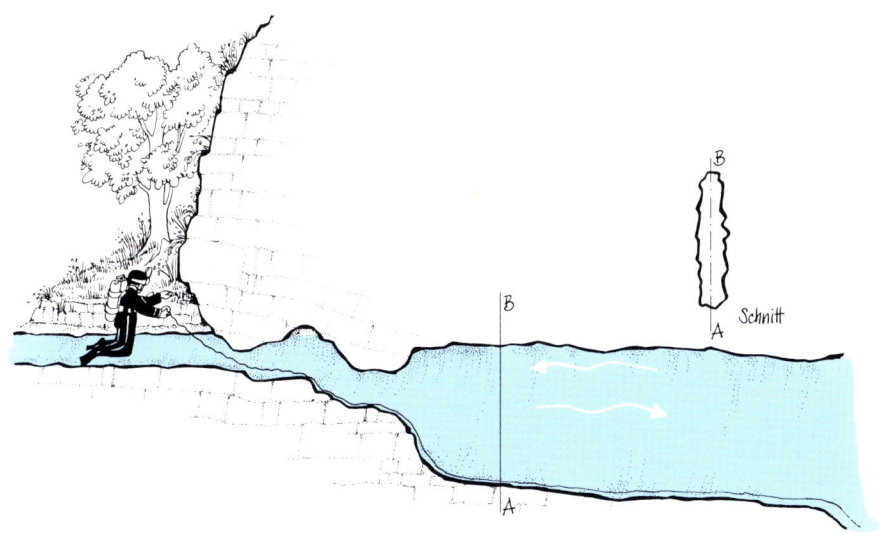

Nebenquelle Schwinde.

bleibt weiter offen, ob sie aus einem bestimmten Grund in den Quelltopf geworfen wurde oder ob sie am steilen Hang gefällt wurde und hineingefallen ist.

IM LABYRINTH DES QUELLSYSTEMS

Erste Bewährungsprobe: die Düse

Es ist vielleicht ein glücklicher Umstand, daß die Aachhöhle, die an Taucher höchste Ansprüche stellt, schon auf den ersten Metern dem weniger geübten Taucher das Fortkommen verwehrt und ihn somit unter Umständen vor allergrößtem Schaden bewahrt. Durch eine Engstelle, die sogenannte Düse, schießt das Wasser mit enormen Druck, so daß manch einer schon zu Beginn seines ungewissen Tauchabenteuers hat wieder umkehren müssen. Durch die Düse hindurch habe ich ein dickes Kabel installiert, um besser in die Höhle zu gelangen. Bei Schüttungen über 5000 l/sec ist es nämlich äußerst schwierig, gegen den enormen Quellstrom anzukämpfen. So ist das Kabel eine sehr gute Hilfe, vor allem, wenn Ausrüstungsmaterial in die Höhle transportiert werden soll. Auch beim Zurücktauchen erweist es sich als sehr vorteilhaft; man kann sich daran festhalten, um nicht mit der starken Strömung unkontrolliert hinausgeschleudert zu werden. Zunächst habe ich mittels eines 8-mm-Selbstbohrdübels eine Lasche angebracht und daran einen Stahlkarabiner mit einem Seil gebunden. Von diesem Punkt aus führt der 0,8 mm starke Edelstahldraht in die Aachhöhle, der sogenannte Ariadnefaden, der den Taucher wieder aus dem Labyrinth hinausführt.

Durch die Kanonenröhre

Die Kanonenröhre befindet sich ca. 100 m vom Eingang entfernt und weist eine Länge von 10 m auf. Dieser Gang stellt die Verbindung zwischen dem Hauptgang und dem Aufstieg zum sogenannten Strömungsbahnhof dar. Hier herrscht eine ähnlich starke Strö-

◁ Steinhart und wohlerhalten ist der uralte Eichenstamm, dem das Aachwasser trotz hundertjähriger Bearbeitung nichts anhaben konnte.

Das Wasser der Aachhöhle ist ziemlich aggressiv. Auf dem Bild ist gut zu erkennen, wie das Material korrodiert. So muß fast jährlich sowohl die Lasche als auch der Karabinerhaken ausgewechselt werden. Es kann auch durchaus vorkommen, daß beides nicht mehr vorhanden ist und einfach wegerodiert ist.

mung wie in der Eingangsdüse. Bei Schüttungen mit mehr als 5000 l/sec ist es nicht möglich, hier durchzukommen. Der Fels ist scharfkantig ausgewaschen, und man kann sich am Gestein leicht verletzen. Bei einem Versuch, bei starker Schüttung die Kanonenröhre zu bezwingen, habe ich mir den Overall, der als Schutz über dem Tauchanzug getragen wird, total zerschlissen. Die Tauchhandschuhe aus Neopren mußte ich anschließend wegwerfen. Drei Versuche habe ich unternommen und konnte unter äußerster Anstrengung lediglich wenige Meter in die Kanonenröhre eindringen.

Der gewaltige Wasserstrom der unterirdischen Donau warf mich wieder zurück. Für unerfahrene Taucher kann diese Stelle zum Verhängnis werden, denn der Wasserstrom drängt den Taucher unweigerlich in einen anderen Gang hinein, von dem weitere Gänge abzweigen, es ist also ein regelrechtes Labyrinth, in dem man leicht die Orientierung verliert. Es ist Glücksache, aus diesem verzweigten System wieder herauszufinden.

Unter Höhlenforschern ist es – ähnlich wie bei Bergsteigern – üblich, neuentdeckte Gangteile, auffällige Gesteinsformationen oder gefährliche Engstellen und Passagen anschaulich zu benennen. Es erübrigt sich deshalb auch, zu erläutern, warum Bezeichnungen wie »Düse«, »Kanonenröhre« oder »Strömungsbahnhof« gewählt wurden.

Tauchvorstoß in den Syphonschacht

Seit Wochen hatte es nicht mehr geregnet. Die Donau führte im Bereich Immendingen-Möhringen schon lange kein Wasser mehr. Die Schüttung der Quelle betrug nur noch 2 l/sec. Die Nebenquelle war bereits zur Schwinde geworden, und das aus dem Quellschacht emporgestiegene Wasser verschwand rauschend wie ein Bach in dieser Nebenhöhle. Das Wasser hatte sich soweit geklärt, daß sogar eine Sichtweite von 2 bis 5 m bestand, also ideale Verhältnisse für einen größeren Vorstoß. Die Vorbereitungen wurden gründlich durchgeführt. Ich wollte bei diesem Tauchgang größere Tauchflaschen mitnehmen, und zwar 2 x 20-l-Flaschen mit je 250 bar gefüllt, das sind 10 000 l Preßluft. Bepackt mit der schweren Ausrüstung wankte ich zum Quellschacht. Im Wasser spürte ich das Gewicht der Ausrüstung nicht mehr und glitt entlang der rechten Schachtwand hinab zur Düse. Trotz der minimalen Schüttung spürte ich eine starke Strömung und mußte mich mit kräftigen Flossenschlägen durchkämpfen. Nach kurzer Zeit ließ die Strömung nach, und ich befand mich in der mir wohlbekannten Eingangshalle. Meine Blicke folgten den Luftblasen, die scheinbar im Nichts verschwanden. Nochmals kontrollierte ich meine Instrumente und tarierte mich mittels einer Rettungsweste, die ich zwischen den Tauchflaschen angebracht hatte, aus. Eine mehrstündi-

Der Einstieg zur Kanonenröhre.

ge Tauchfahrt in die Aachhöhle begann. Bis zur Kanonenröhre
ging es glatt vorwärts, und dank der guten Sicht gewann ich neue
und faszinierende Eindrücke. Am Eingang der Kanonenröhre sah
ich eine Massenansammlung von Forellen. Vereinzelt war immer
wieder mal eine zu entdecken, aber so viele an einer Stelle hatte
ich noch nie gesehen. Kamen die Forellen zum Laichen hierher?
Kaum möglich, oder zum Sterben? Ich wußte es nicht.
Die Kanonenröhre war diesmal aufgrund der geringen Wasserführung keine Schwierigkeit. Unter der großen Seenhalle (120 m
vom Eingang) tauchte ich eine Schachtwand hinab auf 20 m
Wassertiefe. Ich tauchte in der unterirdischen Aach immer tiefer in
den Berg hinein, vorbei an Versturzblöcken, scharfkantig ausge-
waschenen Felsplatten, tiefgründigen Lehmhalden. Bedingt durch
die gute Sicht entdeckte ich an der rechten Gangseite eine Partie

In der Kanonenröhre. ▷

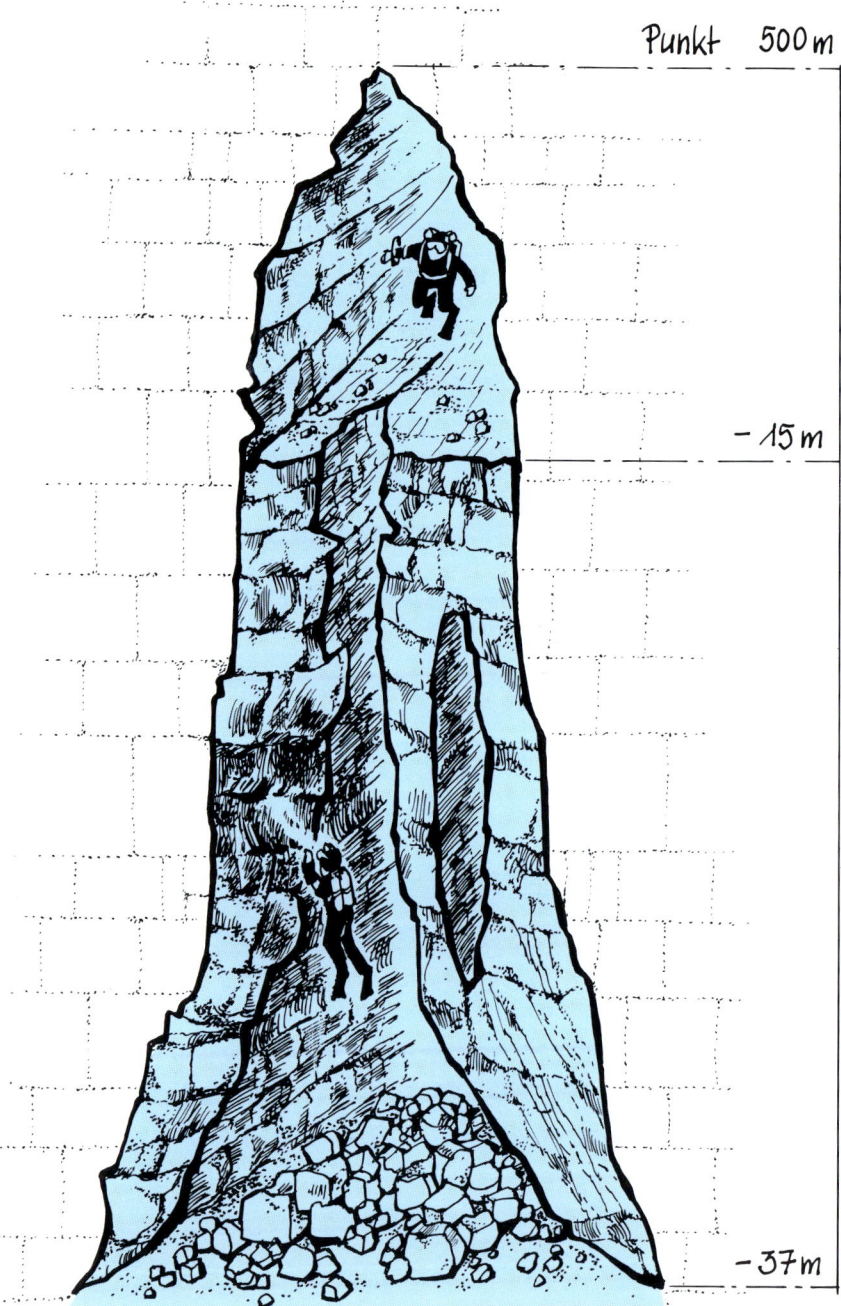

Punkt 500 m

− 15 m

− 37 m

Querschnitt durch den Syphonschacht.

mit Rinnenkarren. Rinnenkarren ist ein Begriff aus der Karstkunde. Das an einer Felswand herabfließende Sickerwasser läßt Rinnen entstehen. Dies belegt, daß dieser Höhlenteil einmal teilweise trockengelegen hat. Wann das war, müßte noch untersucht werden.

Am Ende des »Aachkanals« wich der sonst nach Norden führende Gang nach Osten ab. Noch eine kurze Strecke, und ich befand mich am Syphonschacht. Die Wassertiefe betrug hier noch 15 m. Von hier aus ging es hinab in ein finsteres Loch. Felsvorsprünge mit meterdicken Sedimenten, die bei der kleinsten Bewegung in dicke Wolken aufstiegen, machten den Abstieg zum Grund in 37 m Tiefe zur Gefahr. Der Grund war gefüllt mit Sedimenten, deren Mächtigkeit ich nur erahnen konnte.

Auf einem Felsvorsprung entdeckte ich einen seltsamen Stein. Es könnte ein verwitterter Tropfstein sein. Die Größe beträgt 1 m und der Durchmesser 20 cm. Nähere Untersuchungen sollten zeigen, was es mit diesem Stein auf sich hat. Aus diesem Grund mußte ich ihn ans Tageslicht bringen. Er kam mir gerade recht, denn durch den Luftverbrauch waren meine Tauchflaschen leichter geworden, und ich hatte dadurch einen erhöhten Auftrieb. Mit dem schweren Stein unter dem Arm stieg ich den Schacht hinauf und begab mich auf die 500 m lange Strecke zurück. Nur entlang der ausgelegten Führungsleine fand ich den Weg sicher nach draußen. Alle 100 m hatte ich vorher eine gelbe Wäscheklammer als zusätzliches Sicherungsmerkmal angebracht, das mir nun ebenfalls den Weg nach draußen zeigte. Mit der Strömung und durch den schweren Stein gut austariert, schwebte ich dem Ausgang zu.

Die Untersuchung des Steines steht noch aus. Sollte es sich jedoch tatsächlich um einen alten verwitterten Tropfstein handeln, so würde dies neue Erkenntnisse über Alter und Aufbau der Aachhöhle ermöglichen.

Rätselhaftes Gestein.

In Spalten und Klüften

Die Aachhöhle ist sehr stark zerklüftet, überall führen Spalten und Klüfte weg in unbekannte Räume. Oft sind die Felsöffnungen so eng, daß sie nicht mehr passierbar sind. Der Höhlenforscher versucht, und wenn es noch so eng wird, weiterzukommen, bis es nicht mehr geht. Sehr oft sind die Spalten nur mit dem Schlauchboot zu erreichen.

Zunächst paddelt man mit dem Schlauchboot über den Höhlensee und läßt sich in eine Spalte treiben. Dort wird das Schlauchboot sicher befestigt und kann nicht weiter abgetrieben werden. Die Spalte, die sich nach oben verjüngt, muß klimmend bezwungen werden. Hier ist Kaminklettern angesagt. Der Begriff Kaminklettern kommt aus der Bergsteigerei. Durch Klemmen und Spreizen der Beine zwängt man sich Stück für Stück höher. Etwa 10 m über dem

Erkundung mit dem Schlauchboot.

Wasserspiegel wird es eng, aber der Spalt führt weiter. Der dicke Tauchanzug ist so hinderlich, daß ein Weiterkommen nicht mehr möglich ist.

Im Sommer, wenn es wärmer ist, kann der Tauchanzug ausgezogen werden, und es kann weitergeforscht werden. Daß es im Sommer in der Aachhöhle wärmer ist als im Winter, ist wiederum eine Besonderheit der Aachhöhle; dies ist nicht typisch für eine Höhle. In den meisten Höhlen herrscht das ganze Jahr über eine gleichbleibende Temperatur von ca. 8 bis 9°C. In der Aachhöhle schwanken die Temperaturen sehr stark (siehe Grafik Seite 37).

Diese Temperaturschwankungen rühren daher, daß das Wasser der Donau die Höhle aufheizt und so die Temperatur bestimmt. Folgerichtig sinkt im Winter die Temperatur bis auf 5°C ab.

Das Licht verliert sich in der Weite der großen Seehalle. Nur schemenhaft kann die rechte Wand, die senkrecht aus dem Wasser emporsteigt, erkannt werden. An einer Felsstufe findet der

Auf diesem Bild ist gut zu erkennen, wie hoch das Wasser zeitweise steigt. Die Spalten wurden durch das Hochwasser erweitert, so daß regelrechte Erosionsrillen entstanden sind.

Höhlenforscher einen Halt, um den Elektronenblitz auszulösen. Für kurze Zeit wird eine Welt für sich, tief unter der Erde, sichtbar.
Auf viele Menschen wirken die Dunkelheit, die Stille, die Feuchtigkeit abstoßend und beängstigend. Das Gefühl, eingeschlossen und absolut einsam zu sein, und das Erlebnis der Finsternis ist nicht leicht zu ertragen. Das Auge versucht sich auf den absoluten Lichtmangel einzustellen. Doch bis hierher dringt kein Licht der Welt vor. Und dann versucht das Gehirn diesen Lichtmangel wettzumachen, und irgendwo im schwarzen Abgrund ringsum erscheinen seltsame Lichtfiguren, bunte Wolken, Nebelstreifen, Phantasiegebilde.
Plötzlich leuchtet eine Lampe auf, sie spendet wunderbares Licht, es wirkt beruhigend auf den Höhlenforscher, denn ohne Licht ist

Impression aus der Aachhöhle. ▷

80

Versturzpartie im Labyrinth der Aachhöhle.

man hier unten rettungslos verloren. Man merkt überdeutlich, wie sehr wir dem Zustand der Finsternis ausgeliefert sind, trotz elektrischer Lampen und Elektronenblitzen, die ja nur für kurze Zeit die Umgebung aufhellen. Es ist immer wieder erstaunlich, wie stark man das Gefühl der Einsamkeit erleben kann, obwohl man nicht weit von der Zivilisation entfernt ist, nur getrennt durch Wasser und Fels.

Vom Wasserspiegel aus ragen die Wände steil empor. Die Scheinwerfer reichen kaum bis zur Höhlendecke. Jedoch sieht es so aus, als ob unterhalb der Decke ein Gang horizontal weiterführen würde. Aber wie kommt man an der steilen Wand hoch?

In zwei Meter Höhe befindet sich eine Felsstufe, von der aus man es schaffen könnte, hochzuklettern, um ein Seil zu installieren. Es sind mindestens 15 m bis zu dieser Aushöhlung. Das Schlauchboot wird als Stütze benützt, um die erste Felsstufe zu erreichen.

◁ Aufstieg in der großen Halle.

Hier hat man einen einigermaßen festen Halt. Die Wand ist mit feinem, glitschigem Lehm überzogen, dies macht den Aufstieg sehr schwierig. In halber Höhe wird das Gestein brüchig, und man muß sehr vorsichtig sein, um den Halt nicht zu verlieren.

Mit einiger Anstrengung gelingt es, die Wand zu erklimmen und ein Seil zu befestigen. Nun ist es nicht mehr schwer, die Wand zu besteigen und weiteres Ausrüstungsmaterial hinaufzubringen. Das Seil gibt die nötige Sicherheit.

Der gefundene Gang ist ziemlich eng und kann nur schlufend durchquert werden. Auch hier ist das Gestein scharfkantig heraus-modelliert. An den Wänden wiederum zahlreiche Kalzitkristalle in allen Formen, versteckt in kleinen Nischen oder lose am Gangbo-den zerstreut. Nach kurzer Schlufstrecke gelangt man wiederum an einen Abgrund, der bis zum Wasser reicht. Bizarre Felsforma-tionen tun sich dem Höhlenforscher auf, und im Schein der Karbid-lampe läßt er seiner Phantasie freien Lauf.

Unmittelbar vor dem Eingang des neuentdeckten Ganges, von einem äußerst schmalen Felsband aus, kann noch ein Stück der großen Seenhalle eingesehen werden. Der Höhlenforscher kommt sich in diesem großen Hohlraum winzig vor. Der ausgelöste Elek-tronenblitz reicht kaum bis zur Decke.

Oft werden Höhlenforscher gefragt, ob sie nicht Angst hätten, daß einmal so eine Höhle einstürzen könnte. Doch das kommt nach unserem Zeitbegriff so gut wie nie vor. In geologischen Zeiträumen gerechnet, treten solche Zusammenbrüche jedoch immer wieder auf, vielleicht in Abständen von 10 000 Jahren. Dies nennt der Höhlenforscher Raumerweiterung durch Verbruch. So eine kleine Katastrophe hat sich »unlängst« in der Aachhöhle ereignet.

Bei einer Tauchexkursion in den sogenannten Kristallgang stellte ich fest, daß der Gang ungefähr in der Mitte zusammengebrochen war. Große Blöcke mit hellgelben Bruchstellen versperrten den Weg. An dieser Stelle tauchte ich nach oben, um die Höhlendecke zu untersuchen. Die frischen Bruchstellen konnte man deutlich sehen. Es waren Teile der Decke heruntergebrochen. Wäre zum Zeitpunkt des Einsturzes ein Taucher an dieser Stelle unterwegs gewesen, so hätte es nicht gut für ihn ausgesehen.

LEBEWESEN IN DER AACHHÖHLE

Unterwasserhöhlen – ein Lebensraum für Tiere?

Mit der Pflanzen- und Tierwelt ist es in der Aachhöhle nicht sonderlich üppig bestellt. Im Topf selbst wachsen bis in 5 m Tiefe lediglich Algen. Dann beginnt eine pflanzenlose Welt. Denn dort herrscht an den meisten Tagen des Jahres Dunkelheit, und Pflanzen benötigen zum Leben Licht. Selten gelangt ein Lichtstrahl bis zur Düse, und dann auch nur für wenige Stunden. Im Quellsee selbst wächst üppig die Wasserpest, und verschiedene Algenarten gedeihen so prächtig, daß im Sommer sowohl der See als auch der Fluß von einem grünen Pflanzenteppich bedeckt sind. Höhlen besitzen bestimmte Merkmale, die sie zu einem besonderen Lebensraum machen. Die zentralen Unterschiede gegenüber der Erdoberfläche bestehen in den extremen Lichtverhältnissen, dem Wärmehaushalt und den Feuchtigkeitsverhältnissen.
Jede Höhle stellt im einzelnen ein eigenes Biotop dar. Die in den Höhlen wirksamen Biofaktoren sind in ihrer Intensität von zahlreichen anderen Faktoren abhängig. Die Lebensbedingungen sind daher vielfachen Veränderungen unterworfen. Der Lebensraum in Höhlen ist sehr empfindlich gegen die Einflüsse von außen. Die direkte, aber auch indirekte Einwirkung des Menschen auf Höhlen hat oft katastrophale Folgen. Das biologische Gleichgewicht kann durch die Ableitung von Abwässern, Düngung in der Landwirtschaft erheblich gestört oder sogar ganz vernichtet werden.
Das Tierleben in der Aachhöhle ist in drei Arten zu unterteilen:
1. Tiere, die im Eingangsbereich des Quelltopfes anzutreffen sind.
2. Tiere, die sich vorübergehend in der Höhle aufhalten (Höhlengäste).
3. Tiere, die ständig in der Höhe leben.
Im Quelltopf sind inbesondere Forellen häufig anzutreffen. Dort schwimmen sie nahe der Oberfläche und halten sich gerne in Nischen und Spalten auf. Weiterhin sind in der Aachhöhle die in letzter Zeit selten gewordenen Groppen anzutreffen. Groppen

Groppe.

sind etwa 10 cm lange Grundfische mit großem Kopf. Sie lieben frisches, sauberes Wasser. Meist verstecken sie sich unter Steinen im strömungsreichen Wasser. Ab und zu sind sie auch im Innern der Aachhöhle anzutreffen, jedoch nur im Eingangsbereich.

Bis 100 m weit in die Aachhöhle hinab habe ich schon Forellen angetroffen. Sie sind keine ständigen Bewohner dieser unterirdischen Welt. Vielmehr sind sie als vorübergehende Gäste der Höhle anzusehen. Man kann beobachten, daß sich zeitweise Dutzende von Forellen in den Gängen am Grund aufhalten. Bei einem Tauchgang eine Woche später sind sie wieder verschwunden.

Nur einmal habe ich in der Kanonenröhre (ca. 120 m vom Eingang) einen Aal angetroffen, der an Größe seinesgleichen sucht. Er war mehr als armdick, überdurchschnittlich lang und von grünlicher Farbe. Genauso wie ich kämpfte er gegen die Strömung im

Bachflohkrebs.

Kanonenrohr an, und alsbald war er meinen Augen entschwunden.

Der Bachflohkrebs ist ein Tier, das ständig in der Aachhöhle lebt. Es darf nicht verwechselt werden mit dem Niphargus, der in den meisten Karsthöhlen vorkommt (Blautopf, Wulfbachquelle). Im ersten Augenblick könnte man den Bachflohkrebs für den Niphargus halten. Die Ähnlichkeit ist sehr verblüffend. Beide Tiere sind etwa 1 cm groß, die Pigmentierung fehlt sowohl der einen wie auch der anderen Spezies. Doch bei näherer Betrachtung fällt auf, daß beim Bachflohkrebs Augen vorhanden sind, zwar zurückgebildet, aber sie sind noch gut als solche zu erkennen. Beim Niphargus fehlt dieses Sinnesorgan völlig.

Wie der Niphargus reagiert der Bachflohkrebs, der ja ebenfalls in ständiger Dunkelheit lebt, empfindlich auf Lichtquellen, die über die Nervenbahnen im Körperinnern des Tieres direkt wahrgenommen werden. Die Lichtstrahlen dringen durch den ganzen Körper des Tieres hindurch. Leuchtet man den Bachflohkrebs mit dem Scheinwerfer an, so versucht er zu flüchten und sich zu verstecken. Die Nahrung des Aachhöhlen-Bachflohkrebses besteht hauptsächlich aus Einzellern, die im Wasserstrom transportiert werden. Jungtiere ernähren sich von Bakterien. Auffallend am Bachflohkrebs sind die langen Antennen, die als Tastsinnesorgane fungieren. Sie sind wichtig für die Wahrnehmung von Beute und Hindernissen in der Dunkelheit. Er bewegt sich im Wasser durch rasches Zurückklappen des Hinterteils und schlagende Bewegung der Beine vorwärts. Bei Fotoarbeiten in der großen Seenhalle entdeckte ich etwa 10 m über dem Wasserspiegel, an absolut trockener Stelle, ein seltsames Insekt. Es maß ungefähr 3 bis 4 cm, war sehr schmal, hatte längliche Flügel und stand auf feingliedrigen, stelzenhaft wirkenden Gliedmaßen.

Wie kam dieses Insekt in die Höhle? Um was für ein Insekt handelte es sich? Gibt es noch anderes Getier in diesen lebensfeindlichen Gefilden? Weitere Untersuchungen werden auf diese Fragen vielleicht einmal über spekulative Hypothesen hinaus belegbare Antworten geben können.

Fledermäuse in der Aachhöhle?

Fledermäuse sind keine ständigen Bewohner in Höhlen. Sie halten sich dort lediglich im Winter oder bei Tag auf. Ob in der Aachhöhle noch Fledermäuse ihr Domizil haben, kann nicht gesagt werden. Es gilt jedoch als sicher, daß in früheren Jahren, möglicherweise vor Tausenden von Jahren, in den lufterfüllten Räumen Fledermäuse gelebt haben. Bei einem Tauchgang im Jahre 1986 entdeckte ich auf einem Felsvorsprung einen etwas merkwürdig aussehenden Erdhaufen. Nach näherem Betrachten stellte ich alsbald fest, daß es sich hierbei nicht um Erde handeln konnte. Dafür war die Substanz viel zu krümelig und zu leicht. Irgendwie von oben hereingeschwemmt worden zu sein, kam auch nicht in Betracht. Es gibt dort keine Risse und Spalten, durch die etwas hätte rieseln können.

Der nächste Gedanke: Dies könnte Fledermauskot sein. So etwas Ähnliches hatte ich nämlich schon in einer jugoslawischen Höhle angetroffen. Nun wollte ich es genau wissen. Bei einem nächsten Tauchgang nahm ich eine zusammenlegbare Stange mit, um eine Probe entnehmen zu können, denn der Felsvorsprung befindet sich etwa 3 m über dem Wasser an einer fast überhängenden Wand. Die Probe ließ ich von Fachleuten untersuchen, und diese stellten fest, daß es tatsächlich Fledermauskot war. Das Alter konnte bisher leider noch nicht bestimmt werden, denn eine solche Altersbestimmung ist eine aufwendige und kostspielige Angelegenheit. Rätselhaft bleibt die Frage, wie die Fledermäuse in die Aachhöhle kamen. Immerhin ist der Fundort 150 m vom Eingang entfernt. Durch das Wasser können sie ja nicht gekommen sein. Also müssen weitere höherliegende Hohlräume vorhanden sein. Fledermäuse besitzen zwar die Eigenschaft, durch relativ enge Passagen zu gelangen, jedoch dürfen diese Engstellen nicht zu lang sein, höchstens ein paar Meter, dann müssen die Fledermäuse wieder fliegen können. Noch stellt der Fledermauskot eines der vielen Rätsel der Aachhöhle dar, vielleicht wird es eines Tages gelüftet werden.

ZEUGNISSE DER SCHAFFENSKRAFT DES URELEMENTES WASSER

Raumerweiterung der Aachhöhle

Die Raumerweiterung einer Höhle ist abhängig von der Beschaffenheit des Muttergesteins des Gebirges. Das Gefälle der Erdschichten und die Löslichkeit verlangsamen bzw. beschleunigen die mechanische Wirkung des Wassers. Zunächst bildet sich ein Riß im gebankten Kalkgestein, die Gesteinsschichten werden aufgelockert und bilden somit leichte Angriffspunkte für das Wasser. Mitgeführter Lehm, Sand und Geröll drücken, schleifen, sprengen und tragen das Gestein allmählich ab. Wo bereits kleine Spalten vorhanden sind, wirkt die Erosion ständig, und es entstehen Erosionsrillen. Nach oben verengt sich das Profil der Höhle, da ja Sand und Geröllteile schwer sind und am Grund des Ganges wirksamer arbeiten. So entsteht ein V-förmiges Gangprofil, wie es in der Aachhöhle meist anzutreffen ist.

Der Kristallgang

Taucht man ca. 50 m weit in die Aachhöhle hinein und steigt dann an der linken Begrenzungswand hoch, so spürt man sofort eine starke Strömung, die aus einem Seitengang kommt. Hier mündet die Gangschleife, ein über dem Hauptgang gelegener Höhlenteil, wieder in die Haupthöhle ein. Von diesem Höhlenteil zweigen weitere Gänge ab, die geradewegs nach Norden führen und Wasserzubringer der Gangschleife sind. Die Wände der Gangschleife sind mit vielen Kalzitkristallen überzogen, daher der Name. Überall treten ganze Flöze hervor. Sie sind durch das unbändige Schaffen des Wassers herauserodiert worden. Leider sind sie alle mit einer schwarzbraunen Schicht überzogen. Erst wenn man sie reinigt, kommt die wahre Pracht zum Vorschein.

Gereinigter Kalzitkristall.

Kristallbildungen sind in Höhlen verhältnismäßig häufig anzutreffen. Kalkhöhlen beherbergen sehr häufig Kalzitkristalle, wobei durch die große Zahl der Kristallformen, die Kalzit annehmen können, eine beachtliche Mannigfaltigkeit hervorgerufen werden kann. Die chemische Formel für Kalzit lautet C_aCO_3. Regelmäßig entwickelte Kalzitkristalle bilden sich in stehenden Gewässern der Höhlen unter der Wasseroberfläche; sie kleiden mitunter ganze Wasserbecken völlig aus. Der in der Abbildung gezeigte Kalzitkristall wurde am Grund der Aachtopfquellhöhle gefunden, etwa 50 m vom Eingang entfernt. Dort ist der Ganggrund mit ganzen Flözen bedeckt. In früheren Berichten über die Aachquelle wurde behauptet, daß am Grund der Höhle Reste von Sinterbecken gefunden worden seien und damit der Beweis erbracht sei, daß die Höhle früher einmal trocken gewesen sein müsse, denn solche Sinterbecken können ja nur in trockenen Höhlen entstehen. Diese These konnte jedoch nicht bestätigt werden, alles deutet vielmehr

darauf hin, daß die Aachhöhle immer schon mit Wasser gefüllt war bzw. von diesem erst gebildet wurde.

Bei Streifzügen im näheren Einzugsgebiet der Aach, insbesondere im Wasserburger Tal, habe ich entdeckt, daß in den gebankten Kalken die Zwischenräume mit den gleichen Kalzitkristallen ausgefüllt sind wie in der Aachhöhle. In der letzteren sind die Kristalle durch Erosion und Korrosion freigelegt worden. Sei es am Ganggrund, an den Wänden oder an der Decke, überall sind diese Kalzitkristalle in der Höhle anzutreffen. Bei Filmarbeiten habe ich versucht, die Wände mit einem Straßenbesen zu reinigen. Ich konnte jedoch lediglich die feinen Lehmablagerungen entfernen, die schwarzbraune Schicht, die organischen Ursprungs ist, war nicht zu beseitigen.

Entdeckung einer Kristallgrotte

In der Nacht vom 20. auf den 21. Juli 1989 unternahmen mein Tauchkamerad Axel Gnädinger und ich eine Fotoexkursion in die Aachhöhle. Die Bedingungen waren nicht gerade ideal, denn die Wasserführung mit 5,5 cbm/sec war für Tauchgänge fast zu stark, die Sicht betrug nur 0,5 m. Wir wollten bei diesem Unternehmen neu entdeckte Teile der großen Seenhalle fotografieren. Dazu benötigten wir umfangreiches Material. Es mußten zwei große Materialsäcke unter schwierigsten Bedingungen 120 m weit durch das Wasser transportiert werden. Axel fing mit dem Transport bereits am Mittag an. Nur mühsam gelang es ihm, und er benötigte dazu fast zwei Stunden. Ohne Ballast benötigt man für diesen Tauchgang ca. 25 Minuten. Neben der Fotoausrüstung transportierten wir Lebensmittel und legten an einer geeigneten Stelle ein Depot an (Dosenwurst, Trinkwasser und als Nervennahrung Schokolade).

Einem engen Spalt galt unser Interesse, einem Spalt, der bisher noch nicht durchstiegen worden war. Axel zog den Tauchanzug

◁ Kalzitgebilde, dem die Natur die Form eines Pilzes verliehen hat.

Ein Felsvorsprung dient als Rastplatz.

aus und zwängte sich Stück für Stück die enge Röhre hoch, die alsbald breiter wurde. Ich versuchte es an einer anderen Stelle, und es gelang mir ebenfalls, nach oben zu kommen. Im oberen Stockwerk der Höhle sah es aus wie in einer unwirklichen Welt. Das Gestein war zernagt, stark korrodiert und mit zahllosen Löchern versehen. Dann entdeckten wir eine kleine Grotte, nur mannshoch, aber ein wahres Kleinod. Wir nannten sie fortan Kristallgrotte, denn Decke und Wände sind mit unzähligen Kalzitkristallen überzogen.

Langsam mußten wir an die Rückkehr denken, und so packten wir unsere Utensilien zusammen und tauchten zurück, jeder mit einem schweren, unhandlichen Sack bepackt und bei einer Sicht von 0 m. Nur entlang dem Führungsdraht konnten wir zurückfinden. Etwas müde tauchten wir wieder im Aachtopf auf, mittlerweile war es

In der Kristallgrotte: Dieser Teil der Höhle ist gänzlich mit Kalzitkristallen ausge- ▷ stattet.

94

bereits Samstag früh 2.00 Uhr. Die Zeit war wie im Fluge vergangen, uns kam alles viel kürzer vor. Aber es ist eine bekannte Tatsache, in Höhlen gehen die Uhren anders.

Aachtopf-Riesenperlen

So nannte ich eine Gesteinsbildung, die wohl eine Besonderheit der Aachquelle darstellt. Die Aachtopf-Riesenperlen bestehen aus Kalkgestein und sind nur in der Düse, dem Eingang zur Unterwasserhöhle, zu finden. Ein Taucher kann diese Steine nur bei minimaler Schüttung der Quelle bergen. Sie sind wohl im Laufe von Jahrtausenden aus Kalksteinbrocken entstanden, die durch das ständig wirbelnde Wasser bewegt und am harten Fels gerieben worden sind. Die Bildung dieser seltsamen Kalkgebilde könnte auch noch folgendermaßen erklärt werden: Nachdem sich im Hegau Vulkanschlote durch das Juragestein geschoben und teilweise das anstehende Gestein zum Schmelzen gebracht hatten, wurde dieses mit den Eruptionen weggeschleudert. Das Gestein hat sich langsam wieder abgekühlt und durch die Drehungen in der Luft bereits eine einigermaßen rundliche Gestalt angenommen. Den Rest besorgte das Wasser.

Kolke

Wenn der Höhlenbach besonders hartes Gerölle mit sich führt und bei starkem Gefälle viele Wirbel erzeugt, bilden sich auf der Höhlensohle runde Vertiefungen, sogenannte Erosionskolke. Auch die Aachhöhle war früher einmal eine Flußhöhle, durch die das Wasser hindurchrauschte.
Meistens kann man in solchen Strudeltöpfen runde Steine antreffen. Diese Steine bewegen sich durch das wirbelnde Wasser und bilden durch Schleifen des Gesteins runde Löcher. Da für die Art

◁ Ungereinigte Kalzitkristalle, wie sie in der Aachhöhle anzutreffen sind.

97

Typische Erosionskolke.

der Wasserbewegung bzw. der Bildung der Kolke die Schwerkraft des Wassers verantwortlich ist, nennt man sie auch Gravitationskolke.

Belemniten: Fossile Zeugen der Urgeschichte

Der wissenschaftliche Name lautet »Belemnites clavatus« oder »Belemnites compressus«. Gemeint sind die versteinerten Hartteile der vor Urzeiten im Silurmeer lebenden Kopffüßler (Orthoceras). Dies war vor ungefähr 4 Mio. Jahren. In der Aachquellhöhle kommen sie sehr zahlreich vor. Viele liegen am Grund des Höhlenganges. Manche stecken noch im Kalkgestein, herauskorrodiert durch die chemische Wirkung des Wassers.

Der Sintergang

Oberhalb der ersten Auftauchstelle tief im Berginnern führt eine enge Spalte in den Sintergang. Über Versturzblöcke gelangt man an eine Felsstufe, die senkrecht 5 m bis zum Wasser abfällt. Die linke Seite des Ganges besteht aus losem Gestein, das mit Lehm zusammengebacken ist (Konglomerat). Die rechte Seite ist gänzlich mit Sinter und kleinen Sinterfahnen ausgestattet. Dieser Gang zählt zu den schönsten Stellen des Aachsystems.
In der Mitte des Sinterganges hat sich durch Versturzblöcke eine Naturbrücke gebildet. Durch die Sinterbildungen ist diese sonst verbruchsgefährdete Stelle recht stabil geworden. Hinter dieser Naturbrücke führt ein senkrechter Gang nach oben. Ob dieser Schacht in ein unbekanntes höhergelegenes System mündet, müßte noch genau untersucht werden. Denkbar wäre es auf jeden Fall. Sinterbildungen kommen in der Aachhöhle relativ selten vor. Das beweist auch, daß es sich um eine noch junge Höhle handelt, deren Tropfsteinbildung erst am Anfang steht. Die Höhle ist sozusagen noch im Wachstum. In einer kleinen Halle, ich nenne sie Sinterhalle, haben sich Wandsinter und Sinterfahnen gebildet.

Im Sintergang.

Schneeweiß und unberührt stellt sich dieser Wandschmuck dem Höhlenforscher dar. Von großem Vorteil ist, daß durch die große Unterwasserstrecke, die bis dorthin zurückgelegt werden muß, Höhlenschändern der Zugriff verwehrt bleibt. Der Wandsinter wurde durch ein kleines Gewässer, das durch einen zu vermutenden Schacht herunterrieselt, durch Ausfällung der Karbonate gebildet. Befände sich am Grund der Halle nicht Wasser, sondern läge diese trocken, so hätten sich mit Sicherheit auch Stalagmiten gebildet. Taucht man im Sintergang ab, so gelangt man nach kurzer Tauchstrecke wieder zur vorhin erwähnten Auftauchstelle in der Seenhalle. Steigt man tiefer ab, so spürt man alsbald eine starke Strömung, denn man befindet sich wieder unmittelbar am Ende der Kanonenröhre. Man kann erkennen, daß der Haupt-

◁ Blick in den Sintergang: Die gesamte Spalte verengt sich nach Süden und ist nach ein paar Metern nicht mehr passierbar.

gang zahlreiche Nebengänge aufweist, die ein verwirrendes Labyrinth bilden.

Stück für Stück muß die Höhle erforscht und erkundet werden. Nur viele Tauchgänge bringen dem Höhlentaucher – speziell in diesem System – die notwendige Sicherheit, um sich in immer neue, noch unbekannte Gänge vorzuwagen. Die weitere Erforschung dieses Teils der Höhle scheiterte bisher daran, daß durch das bereits erwähnte lockere Gestein ein Aufstieg nicht möglich ist. Auf der rechten Gangseite wäre dies zwar machbar, jedoch müßten in den schönen Sinter, der ohnehin sehr selten in der Aachhöhle vorkommt, Bohrdübel geschlagen werden. Dadurch wäre diese schöne Höhlenpartie verschandelt. Hier muß noch überlegt werden, wie ohne größere Beschädigungen der weitere Verlauf dieses interessanten Höhlenteils erforscht werden kann. Es ist durchaus möglich, daß durch diesen nach oben führenden Schacht die erwähnten Fledermäuse in die Seenhalle gelangen konnten. Hier stehen Forscherdrang und Umweltschutz einander gegenüber, und man muß abwägen, was nun zurückgestellt werden muß.

Ein Lehmkegel gibt Rätsel auf

Die Entstehung des Lehmberges, auf dem ich stehe, war lange Zeit ein Rätsel der Aachhöhle. Man stellte sich die Frage, woher dieser feine Lehm wohl kommen könne. Bei diesbezüglichen Nachforschungen entdeckte ich hinter dem Lehmkegel eine enge Spalte, die nur kriechend erkundet werden kann. Die Wände dieser Spalte sind gänzlich mit Kalzitkristallen bedeckt, die so scharfkantig sind, daß der Schutzanzug bei mehrmaligem Durchstieg zerschlissen war. Die Spalte führt schräg nach oben und wird nach einigen Metern unpassierbar, aber es ist zu erkennen, daß der Lehm vom darüberliegenden Acker stammen muß. Die Spalte führt demnach beinahe bis zur Erdoberfläche. Bei einer späteren Befahrung der Höhle werde ich versuchen, die Spalte weiter zu erkunden. Eventu-

Auf dem Lehmkegel. ▷

ell führt der Gang in größere Hohlräume, vielleicht in ein höhergelegenes Stockwerk, das ja vermutet wird. Da in der vorderen Halle
Fledermauskot gefunden wurde, könnte es auch möglich sein, daß
durch diesen Spalt, der den Ackerboden ins Erdinnere absacken
läßt, die Fledermäuse in die Höhle gelangten.

MIT DEM SCHLAUCHBOOT AUF DEM HÖHLENSEE

Das wohl Schönste, was die Aachhöhle zu bieten hat, ist eine Schlauchbootfahrt auf dem Höhlensee. Bequem sitzt oder liegt der Höhlenforscher im Boot, steuert durch kurze Ruderbewegungen mit der Hand oder den Flossen und läßt sich auf dem Wasser treiben. Das hört sich gut an, aber zunächst muß ja ein Schlauchboot dorthin transportiert werden. Wenn man bedenkt, daß es auch ohne viel Ballast schon schwierig genug ist, bis zur großen Seenhalle zu kommen, wie wird es erst mühselig sein, neben der Ausrüstung noch ein sperriges Boot durch die Engstellen zu bugsieren? Ich hatte mir in den Kopf gesetzt, ein aufblasbares Wasserfahrzeug in die Höhle mitzunehmen, und führte diesen Plan auch durch, zumal ein Schlauchboot dort gebraucht wird, um leichter neue Entdeckungen machen und filmen zu können. Ich besorgte mir ein robustes Schlauchboot und einen großen Seesack. Das Boot wickelte ich geschickt zusammen und steckte es in den Seesack, dazu noch eine Luftpumpe und Flickzeug. Also hinein in den Quelltopf und abgetaucht, aber dies war leichter gesagt als getan. Kaum unter Wasser, war ich wieder oben. Der Sack hatte durch das Schlauchboot, in dem sich noch Restluft befand, zuviel Auftrieb. Also schwamm ich wieder ans Ufer, suchte dort schwere Steine und packte sie in den Sack, um somit den Auftrieb des Schlauchbootes zu kompensieren. Wiederum tauchte ich ab, und diesmal funktionierte es vorzüglich. Im Eiltempo sank ich an der Felswand des Aachtopfes hinab bis zur Düse. Dies war wiederum dramatisch, sofort spürte ich die starke Strömung, die mir entgegen kam. Ich mußte mir etwas einfallen lassen, um mit dem schweren Sack hindurchzukommen. Nochmals tauchte ich auf — den Sack ließ ich solange unten liegen — und besorgte mir ein 10 m langes Seil. Und wieder tauchte ich hinunter zur Düse, befestigte das Seil am Sack und zog es mit in die Höhle hinein. Drinnen in der Aachhöhle ist die Strömung nicht mehr so stark, und es finden sich auch Felsvorsprünge, an denen man sich festhalten kann, so daß ich den Sack nun mit Leichtigkeit durch die Düse ziehen konnte. Bis zur Kanonenröhre ging es relativ flott voran. Es wunderte mich, woher ich soviel Kondition hatte. Der Kraftsport, den ich regelmäßig betreibe, zahlte sich nun offenbar aus.

Der Durchgang der Kanonenröhre nahm mir jedoch die letzten Reserven. Zentimeter um Zentimeter zog ich mich vorwärts, immer nach Halt im Fels suchend. Ein Fehlgriff – der Quellstrom warf mich wieder zurück –, und ein neuer Anlauf mußte unternommen werden. Der Sack war mittlerweile sehr schwer, weil in dieser Tiefe durch den Wasserdruck von 3 bar die letzte Luft herausgepreßt wurde. Den Sack hatte ich gut verknotet, damit der Stein nicht herausfallen konnte, aber ihn mit den Handschuhen jetzt zu öffnen, war unmöglich. Schließlich hatte ich es geschafft, die Kanonenröhre zu durchtauchen. Von hier aus war es nicht mehr weit zur Auftauchstelle. Meine Sicherheitsreserven, sowohl konditionell als auch, was den Luftvorrat betraf, waren fast aufgebraucht. Die noch vor mir liegende 15-m-Stufe hochzutauchen, hätte ich, selbst wenn ich es gewollt hätte, nicht mehr geschafft. So »warf ich das Handtuch« und entschloß mich, umzudrehen. Den Sack deponierte ich in einer Nische, dort lag er sicher vor Hochwasser. Diebe brauchte ich an diesem Verwahrungsort ohnehin nicht zu befürchten.

An einem der folgenden Tage machte ich da, wo ich aufgehört hatte, weiter. Der Sack mit dem Schlauchbot war noch an seinem Platz. Um die Knoten aufmachen zu können, hatte ich einen Schraubenzieher mitgenommen. Nach kurzer Zeit war der Sack dann auch offen, und ich konnte den Stein herausnehmen, den ich als Ballast mitgeführt hatte. Der Sack wurde dadurch erheblich leichter, und ich schob diesen wie einen Luftballon vor mir her, die Spalte hinauf zur Auftauchstelle.

Auf einem ziemlich schmalen Felsband fand ich Platz für mein noch im Seesack auf die unterirdische Jungfernfahrt wartendes Boot. Auch andere Ausrüstungsgegenstände legte ich erleichtert ab, was allerdings mit einem erheblichen Risiko verbunden war. Denn wäre ein Teil in den schmalen Spalt, der sich unter mir auftat,

Das Schlauchboot wird startklar gemacht. ▷

gefallen, so wäre es für immer verloren gewesen, und ich wohl ebenfalls…

Der nächste Schritt war, das Schlauchboot aufzupumpen und durch eine enge Spalte in die große Seenhalle zu transportieren. Nach kurzer Zeit war das Boot aufgeblasen und einsatzbereit. Ich kletterte auf einen Felsvorsprung und sprang mit einem Hechtsprung ins Boot. Hinter mir war ein blubberndes Geräusch zu hören: Ich sank immer tiefer, und das Boot versank mit mir im Wasser. Ich schleppte es zurück zur Auftauchstelle, zog es an der Felswand hoch und untersuchte es. O Schreck, die äußere Luftkammer war 10 cm lang aufgeschlitzt. Dieses Malheur war bestimmt beim Transport durch die enge Spalte zur Seenhalle passiert. Das Boot mußte geflickt werden, jedoch bei einer Luftfeuchtigkeit von 100% ist dies fast unmöglich. Mein Vorhaben war vorläufig gescheitert. Bei einem weiteren Tauchgang brachte ich Reinigungsbenzin und Sekundenkleber mit und machte das Boot wieder flott. Endlich konnte ich mit der Schlauchbootfahrt beginnen. Übrigens mußte ich bei späteren Bootsfahrten noch häufig Flickarbeiten leisten, um die Seetüchtigkeit meines »Schiffchens« wiederherzustellen.

Langsam paddelte ich den rechten Gang entlang und genoß die phantastischen Bilder, die in meinem Scheinwerferlicht urplötzlich auftauchten und wieder verschwanden. Gespenstische Gebilde zogen an mir vorbei, bizarre Formen, ausgelaugtes Gestein, vom Wasser herauserodierte Kalzitkristalle; dies alles konnte ich nicht auf einmal erfassen. Die Höhlendecke konnte ich nicht sehen, meine Scheinwerfer reichten nicht so weit. Steil ragten die Fels-

◁ Auch im Bereich der Auftauchstellen gibt es Verengungen, die mit dem Boot kaum passierbar sind. Die waagerecht verlaufenden Rillen in den sich auftürmenden Seitenwänden ermöglichen allerdings an solchen Stellen ein leichtes Durchsteigen, ohne daß man schwimmen oder tauchen muß.

»Doch was wird es hinter der Verengung zu sehen geben?« Gespannte Augenblicke, erwartungsvolle Neugier, und dennoch muß man sich auch in solchen Situationen zur Ruhe und Umsicht zwingen. Denn Gefahren lauern hier überall. ▷

Der Gang weitete sich, die Wände traten auseinander, aus dem engen Spalt ▷▷ wurde wieder ein Felskanal.

wände empor. Der Gang wurde immer breiter und mündete in die große Seenhalle. Einsam schwamm ich mitten im See, in dessen glatte Wasseroberfläche nun zum ersten Mal, seit es ihn gibt, die sanften Wellen des Kielwassers eines Bootes gleichförmige Linien zeichneten. Ich befand mich in einer Großhöhle mit wahrhaft gigantischen Ausmaßen.

Der Höhlensee ist nach meinen Messungen ca. 20 m tief, und im Hallengewölbe hätte ein mehrstöckiges Haus Platz – stellenweise sind es mehr als 15 m bis zur Decke. Ohne Übertreibung kann deshalb von der unterirdischen Aach als vom größten bekannten Hohlraum der südlichen Schwäbischen Alb gesprochen werden.

Ich wurde nicht müde, mich an den Wänden entlangtreiben zu lassen, die Lichtkegel über immer wieder neu anmutende Felsformationen streifen zu lassen, den entdeckungshungrigen Sinnesorganen – man sieht nicht nur Phantastisches in einer solchen Höhle, sondern man hört, riecht, fühlt intensiver als sonst – immer wieder Neues zu präsentieren.

Während ich von Herzenslust wahre Kreuzfahrten veranstaltete, mußte sich mein Tauchkamerad Klaus Rogasch, der mir nachgetaucht war, mühevoll um gute Positionen für seine Fotoaufnahmen bemühen. Mit klammen Fingern, bepackt mit diversem technischem Zubehör, gegen strömendes Wasser oder glitschiges Felsgestein kämpfend gute Bilder »in den Kasten« zu bekommen, ist nicht leicht. Insbesondere dann nicht, wenn das Objekt des Ablichtungsversuches Harald Schetter heißt und einfach nicht minutenlang in Positur verharren kann. Natürlich wurde auch mal abgewechselt, doch auch in diesem Fall erschollen dann und wann Flüche ob der Ungeduld des »Modells«. Allerdings waren wir sicher, daß unsere Zornesausbrüche ungehört blieben. Selbstverständlich raufte man sich wieder zusammen und brachte letztendlich doch brauchbares Bildmaterial zustande.

◁ Als Schlauchbootkapitän mußte ich mich an der Wand festhalten, um der starken Strömung, die in der Höhle herrscht, standhalten zu können.

Auf dem großen Höhlensee. ▷

Urplötzlich kehrte dann aber wieder Ruhe ein. Die imposante Kulisse zog uns wieder in ihren Bann. Die Wunder der unterirdischen Welt erlegten uns unausgesprochen ein Gebot der Ruhe auf, ließen erneut ein Gefühl der Ehrfurcht aufkommen.

Vereinzelt hörte man Wassertropfen aufschlagen. Als ich mich minutenlang selbstvergessen und von dieser Traumwelt gebannt hatte dahintreiben lassen, gab es plötzlich einen Ruck, denn ich war durch die Strömung in jene Spalte getrieben worden, in die ich bei einem früheren Tauchgang aus Versehen schon einmal geraten war. Damals hatte ich große Schwierigkeiten gehabt, dort wieder herauszukommen. Mit dem Schlauchboot war es jedoch eine Leichtigkeit.

An der Wand entlang paddelte ich in einen weiteren Gang. Dieser war noch bizarrer als der eben durchfahrene. Ich konnte bilderbuchmäßige Korrisionskolke an der Decke bestaunen. In diesem Gang fand ich auch den einzigen Tropfstein dieser Höhle: einen etwa 10 m hohen Stalagmiten, der an der Decke hängt. Schneeweiß und unberührt wird er auch dort bleiben, denn an diesem Ort ist er unerreichbar für jeden, der sich an ihm vergreifen möchte. Langsam kehrte ich um, vollbepackt mit unvergeßlichen Eindrükken. Es war nicht die letzte Schlauchbootfahrt auf dem großen Höhlensee der Aachhöhle.

EIN SELTSAMER FUND

Bei Filmarbeiten in der Aachhöhle machte ich am 1. März 1986 eine interessante Entdeckung. Um das Filmmaterial trocken durch die Aachhöhle zu bringen, hatte ich einen Unterwasserscheinwerfer in einen Filmbehälter umfunktioniert. Wolfgang Morlock, der mir bei den Filmaufnahmen half, nahm diesen Behälter an sich. Nach einiger Tauchzeit konnte man auftauchen, und wir fanden einen kleinen Absatz, wo wir unsere Geräte ablegen konnten. Da es in der Nähe sehr viele Spalten gab, warnte ich Wolfgang, er solle aufpassen, wohin er den Behälter mit unserem Filmmaterial lege, damit dieser nicht in einer solchen Spalte verschwinde. Meine Befürchtung bestätigte sich. Als ich ca. 15 Minuten später wieder im Strömungsbahnhof auftauchte, konnte ich von Wolfgangs Gesicht sofort ablesen, daß der Behälter in eine Spalte gefallen war. Sofort tauchte ich wieder ab, um den Behälter zu suchen. Nach längerem Suchen fand ich ihn in einer Spalte in etwa 10 m Tiefe auf einem Felsvorsprung. Nur mit größter Mühe konnte ich ihn ergreifen. Dabei machte ich eine merkwürdige Entdeckung. Am Grund der Spalte lag ein kegelförmiges schwarzes Gebilde, das wie eine Straßenmarkierung aussah. Jedoch konnte ich diesen Kegel, der etwa 50 cm lang war, nicht bergen.

Fragen drängten sich auf: Woher kommt dieses Ding? Vom Eingang her kann es nicht hereingespült worden sein, denn gegen die Strömung ist dies nicht möglich. Von etwaigen Höhlentauchern konnte es auch nicht stammen, denn welcher Taucher schleppt so etwas in eine Höhle und zu welchem Zweck? Also bleibt nur noch eine Möglichkeit: Es muß irgendwoher von Norden hereingespült worden sein.

Am 12. Juli 1988 machte Axel Gnädinger einen Tauchgang, fand dabei den Kegel außerhalb der Spalte und brachte ihn ans Tageslicht. Wahrscheinlich wurde er durch die extrem hohe Schüttung im Frühjahr 1988 aus der Spalte herausgespült. Der Kegel wurde untersucht; dabei hat sich meine Vermutung, daß es sich um ein Straßenmarkierungszeichen handeln könnte, nicht bestä-

Ein weiterer rätselhafter Fund.

tigt. Das gefundene Stück besteht aus Blech und hat Ähnlichkeit mit einem Windabweiser, wie man sie auf Kaminen von Wohnhäusern des öfteren sehen kann. Eine wissenschaftliche Analyse steht noch aus. Bis dahin wird die Frage, wie dieses »Ding« in die Aachhöhle gekommen ist, offenbleiben.

Beim Bau der Talbachbrücke kam es bei der Gründung zu Schwierigkeiten. Man stellte fest, daß die Baugrundverhältnisse wegen starker Verkarstung nicht optimal waren. Bei Aufschlußbohrungen zeigte es sich, daß das Kalkgestein stark zerklüftet ist. Besonders in Nordwest-Südost-Richtung traten stärker geöffnete Kluftzonen auf. Es könnte durchaus möglich sein, daß bei den anfallenden Arbeiten der Blechkegel in das System der Aachhöhle geriet und mit der Strömung bis zur Fundstelle gelangte. Jedoch mit Sicherheit kann dies nicht gesagt werden.

Irgendwo außerhalb der Aachhöhle könnte es aber auch einen Zugang gegeben haben, und zwar dort, wo früher vermutlich ein wilder Schuttabladeplatz gewesen ist. Vielleicht eine Doline nördlich der Aachquelle, die damals noch offen war und einen Zugang zur Aachhöhle hatte.

Das »Hattinger Loch« und das »Sauloch« waren ebenfalls Erdsenken, die von Menschen als Abfallgrube benutzt wurden und deshalb heute nicht mehr zu sehen sind. Gegen all diese Hypothesen spricht der Umstand, daß der seltsame Kegel ein singulärer Fund ist. Festkörper wurden bisher noch nie in der Aachhöhle gefunden und sind auch nie vom Quellstrom ans Tageslicht gefördert worden. Der Kegel bleibt deshalb bis auf weiteres ein ungelöstes Rätsel der Aachhöhle.

HÖHLENTAUCHEN – EIN SPORT NICHT WIE JEDER ANDERE

Das Tauchen in Höhlen unterscheidet sich grundlegend vom Tauchen im offenen Wasser (Seen, Meer). Der oberste Grundsatz des Sporttauchens, »Tauche nie allein«, hat hier keine Gültigkeit mehr. Dafür gibt es verschiedene Gründe:

1. Die meisten Höhlen sind sehr eng, und Taucher können nicht wie im Freiwasser nebeneinander schwimmen, denn sie würden sich gegenseitig behindern.
2. Die Menge zwangsweise aufgewirbelter Sedimente wäre bei einem Tauchgang zu zweit oder in Dreiergruppen ungleich größer. Die Sicht würde auf ein Minimum herabsinken, und die Taucher wären doppelt behindert und gefährdet. Solche Tauchgänge in Höhlen, wie sie in unserer Gegend vorkommen, wären geradezu Tauchfahrten in den Tod.
3. Als wichtiges Kriterium muß die Sorge um den Partner in Betracht gezogen werden. In den meisten Unterwasserhöhlen kann man nur hintereinander schwimmen. Die Unterwassersprache, die man als Sporttaucher kennt, kann hier nicht praktiziert werden, und bei einer Gefahr können sich die Partner keine Zeichen geben.
4. Eine wesentliche Gefahr besteht darin, dem Partner gegenüber nicht zugeben zu können oder zu wollen, daß man Angst hat, und trotzdem weiterzutauchen. Ein solcher falscher Ehrgeiz bringt unter Umständen beide Taucher in höchste Bedrängnis.

Viele Überlegungen sprechen dafür, daß man möglichst allein tauchen soll, denn bei einer auftretenden Gefahr kann der Tauchpartner nicht helfen, sondern er wird eher behindern. Wenn man allein taucht, muß auch die Ausrüstung darauf abgestimmt werden. Sie unterscheidet sich grundsätzlich von der Sporttaucherausrüstung. Da es speziell für Höhlentaucher im Handel keine Geräte zu kaufen gibt, muß sich jeder nach seinen Bedürfnissen die Ausrüstung individuell selbst zusammenstellen und konstruieren. Meine Ausrüstung habe ich aufgrund von Erfahrungen immer wieder verbessert und komplettiert. Denn eine möglichst vollkommene Ausrüstung gibt dem Höhlentaucher zusätzlich ein Sicherheitsgefühl. Nachfolgend möchte ich einige notwendige Ausrüstungsbestandteile für das Höhlentauchen vorstellen:

Zunächst gilt es den Trockentauchanzug zu nennen. Er unterscheidet sich dadurch von herkömmlichen Tauchanzügen, daß man trocken bleibt. Es dringt kein kaltes Wasser an den Körper, und man kann warme Kleidung darunter anziehen. Durch Aufblasen und Einlassen von Luft kann man seine Tarierung steuern. Wird Luft eingelassen, so bekommt man Auftrieb, läßt man die Luft ab, so verstärkt sich der Abtrieb.

In unseren Breiten ist unbedingt ein Trockentauchanzug erforderlich, denn der größte Feind eines Tauchers ist die Kälte. Bei vielen Tauchgängen handelt es sich um Langzeittauchgänge von mehreren Stunden, und da muß man schon warm eingepackt sein. Die Temperaturen in Höhlen betragen bei uns 8,5°C im Sommer wie auch im Winter. Nur die Aachhöhle ist hier eine Ausnahme. Es wurde bereits beschrieben, daß das Donauwasser in den Klüften und Spalten des weißen Juras versickert und relativ schnell wieder in der Aachquelle austritt. Das Donauwasser erwärmt sich im Winter nur wenig, und die Temperatur fällt deswegen im Winter auf lediglich 5°C. Dies entspricht den Verhältnissen in alpinen Höhlen. Im Sommer dagegen kann die Temperatur auf 12°C ansteigen. Den jeweiligen Gegebenheiten muß sich der Taucher anpassen. Das Atemgerät sollte individuell auf den Taucher und sein Vorhaben abgestimmt sein. Es ist mit dem eines Sporttauchers nicht zu vergleichen: Der Luftvorrat muß immer in zwei getrennten Flaschen mitgeführt werden, also in zwei unabhängigen Systemen mit hochwertigen Automaten. Wie groß die Flaschen sind oder wie tief die Höhle ist, spielt dabei keine Rolle. Die Regel für den Luftverbrauch lautet: $\frac{1}{3}$ des Flaschenvolumens für den Vorstoß, $\frac{1}{3}$ des Flaschenvolumens für den Rückweg und $\frac{1}{3}$ des Flaschenlummens als Reserve. Wenn sich der Höhlentaucher daran hält, egal was für ein Flaschenvolumen er mit sich führt, ist er hinsichtlich der Luft gut abgesichert.

Das wichtigste Teil an einem Preßluftgerät ist der Lungenautomat. Dieser Automat versorgt den Taucher in jeder Tiefe mit der ausrei-

chenden Luftmenge, die unter dem Druck steht, der dem des umgebenden Wassers entspricht. An jedem dieser Lungenautomaten sollte ein Druckmesser angebracht sein, damit der jeweilige Druck der mitgeführten Preßluftflaschen kontrolliert werden kann. Es müssen Geräte der obersten Güteklasse sein, denn das Beste ist gerade gut genug für ein Unterfangen, bei dem nichts schiefgehen darf.

Die Beleuchtung muß optimal und ebenfalls mehrfach abgesichert sein. Bei vier voneinander unabhängigen Lichtquellen ist es unwahrscheinlich, daß alle Systeme gleichzeitig ausfallen. Für den schlimmsten aller Fälle trage ich aber noch eine kleine Lampe im Overall als letztes Hilfsmittel bei mir. Bei den Lampen handelt es sich um Halogenpunktstrahler, die jeweils für fünf Stunden Licht geben. Es ist von Vorteil, wenn die Lichtquellen am Helm montiert sind, denn dadurch hat man zum einen beide Hände für andere Zwecke frei, zum anderen leuchten die Strahler immer in die Blickrichtung, dahin, wo sich der Kopf hinwendet.

Um unter Wasser filmen zu können, benötigt man ein drucksicheres Gehäuse für die Kamera und starke Scheinwerfer. Für meine Super-8-Filmkamera baute ich mir ein Gehäuse, das bis 120 m Wassertiefe Druckfestigkeit aufweisen kann. Zwei 100-Watt-Halogenscheinwerfer befestige ich an einem Stabilisierungsflügel. So habe ich genügend Licht für Filmaufnahmen. Um unter Wasser gute Bilder schießen zu können, sollte eine Sichtweite von 10 m vorhanden sein. An guten Tagen beträgt die Sichtigkeit in der Aachhöhle jedoch höchstens 3 m. Filmaufnahmen müssen daher in die Wintermonate gelegt werden, wenn längere Kälteperioden die Sichtverhältnisse wenigstens ein bißchen besser werden lassen. Sehr wichtig ist bei Höhlentauchgängen die Mitführung eines Ariadnefadens. Hierfür hat sich das von Jochen Hasenmayer eingeführte System mit 0,8 mm starkem Edelstahldraht bestens bewährt, denn dieser hält allen Beanspruchungen stand, und man kann relativ viele Meter abspulen. Der Ariadnefaden zeigt dem Taucher den Weg zurück, den er gekommen ist. Ohne diesen

◁ Der Autor in typischer Höhlentaucher-Ausrüstung.

123

Wegweiser könnte man aus einem solchen Höhlenlabyrinth wie dem Quellbereich der Aach kaum den Ausgang finden.

Jochen Hasenmayers Grundsatz für das Höhlentauchen, nämlich »Kein Meter ohne Führungsleine«, sollte sich jeder zu eigen machen, der sich in eine unterirdische Wasserwelt vorwagt. Beträgt die Unterwassersicht beim Eintauchen in die Höhle beispielsweise 5 m, so ist sie beim Zurücktauchen durch die aufgewirbelten Sedimente auf wenige Zentimeter geschrumpft. Nur entlang des zuvor ausgelegten Führungsdrahtes findet der Taucher den Ausgang wieder.

Unentbehrlich ist auch der Kompaß, der im Notfall dem Taucher die Richtung weist. Man benötigt ihn ebenfalls bei der Vermessung der unterirdischen Welt und der Erarbeitung von Höhlenplänen.

Die übrige Ausrüstung ist die gleiche wie beim Sporttaucher: Uhr, Tiefenmesser und Dekompressionsmeter. Heute werden auch Tauchcomputer verwendet, die verschiedene Funktionen in sich vereinigen und deswegen handlicher sind.

Zum Schluß nochmals einige Bemerkungen zum Thema Risiko, Fehleinschätzung und Angst: Der größte Unterschied zwischen Höhlentauchen und Sporttauchen im offenen Gewässer besteht darin, daß der Höhlentaucher bei Bedarf nicht einfach auftauchen kann. Massiver Fels versperrt ihm den Weg. Es gibt für ihn nur einen Weg, der wieder zu Licht und Luft führt, den weiten und oft beschwerlichen Weg zurück, und das kann unter Umständen lange dauern. Durch Technik, Übung und mehrfache Absicherung der Geräte kann das Risiko erheblich reduziert werden, jedoch das größte Risiko ist der Mensch selber. Bei den meisten Tauchunfällen hat der Mensch und nicht die Technik versagt. Wenn ein Taucher unsicher wird, gerät er leicht in Panik, und die ist der Feind aller Taucher. Beim Höhlentauchen endet Panik fast immer tödlich. »Angst ist nur ein Wort« – so lautet ein Aufsatz, den J. Hasenmayer in einer Taucherzeitschrift veröffentlicht hat. Hierin versucht er zu beschreiben, was ein Mensch empfindet, der in einer Unterwasserhöhle in Schwierigkeiten gerät:

»Haben Sie schon einmal die Dichtungen gezählt, die der Luftstrom auf dem Weg von der Preßluftflasche bis zu Ihrem Mund passieren muß? Tief im Syphon, auf dem Rückweg, wird Ihnen die Zahl vielleicht wieder einfallen, im aufgewirbelten Schlamm, noch hundert oder mehrere hundert Meter vom Ausgang entfernt: Wenn jetzt… die rechte Hand sucht vor der Brust das Mundstück des zweiten Automaten und faßt ihn. Die Linke tastet weiter die Sicherungsleine entlang. Die Sicht ist null. Nur schwaches, diffuses Licht der Helmlampe und tausend rötliche Schlammteilchen, die dicht am Maskenglas vorbeiziehen. Die Bewegungen laufen außerhalb ab, unsichtbar. Nur die Leine nicht loslassen! Der längsstreifende Druck zwischen den Fingern weist den Weg. Der Wasserdruck läßt die Gedanken träge fließen. Irgendwie geht es voran. Kommt der Ausgang schnell genug näher? Wenn wenigstens die Manometer abzulesen wären oder die Uhr, der Kompaß, der Tiefenmesser. Aber schon der Versuch brächte eine gefährliche Zeitverschwendung, einen Punktverlust, das verstärkte Gefühl der Unsicherheit. Die Leine stößt an einen Stein, liegt an ihm an, der Handschuh tastet, folgt um ihn herum — natürlich, ein Leinenbefestigungspunkt! Hier müßte sie wieder nach vorne laufen — diese verflixte Sucherei — da ist etwas — ja hier — endlich wieder eine straffe Leine. Okay, weiter. Moment — halt! Ist dies überhaupt die hinausführende Seite oder die andere…? Wärme steigt die Brust hoch, ein wenig zieht sich der Hals zusammen, etwas weicht der Magen einwärts. Es muß die richtige sein. Nur die Unruhe nicht hochkommen lassen, weiter. Nur nicht hier unten bleiben, schneller! Nur jetzt keine Zeit verlieren, die Luft muß reichen. Die Flossen schlagen das Wasser, die Leine streift durch die Hand, Schlammbahnen wirbeln vor den Augen vorbei, die Lungen saugen immer mehr Luft aus dem Mundstück. Plötzlich ein Ruck, die Leine ist gespannt, lose Schlaufen stauen sich an der Hand. Verdammt! Das Blut pulst in den Ohren. Der Ausgang wird immer kleiner, immer ferner, der Automat bringt viel zu wenig Luft. Schlamm steigt an der Maske hoch, ich stehe doch (!), arbeite mit den Flossen, um hochzukommen, der Boden wird unter den Füßen weggezogen. Schwindel packt mich, ich suche Halt am losen Seil. Nur raus hier. Die Brust zieht sich zusammen… der Ausgang…«[8]

Bevor man sich entscheidet, in Höhlen zu tauchen, sollte der angehende Höhlentaucher Erfahrungen in Nachttauchgängen, Blindtauchgängen und Schlammtauchen sammeln. Wenn man dies alles beherrscht und alle Gefahren des Höhlentauchens bedenkt – Dunkelheit, Kälte, Enge, Tiefenrausch, unberechenbare Strömungen, Einsturzgefahr der Höhle, Ausfall der Geräte – und trotzdem in Höhlen tauchen möchte, kann man nur noch sagen: »Hinein ins kalte Wasser, hinab in finstere Gänge, hinunter in eine phantastische Welt, die nur dem Höhlentaucher offensteht!«

Es muß am Anfang ja nicht gleich die Aachhöhle sein, die höchste Anforderungen stellt. Als Warnung vor unverantwortlichem Leichtsinn, der im Aachtopf die letzten Jahre immer wieder beobachtet werden konnte, möchte ich nochmals an die tödlichen Unfälle erinnern, die sich dort schon ereignet haben. Ich würde es auch sehr bedauern, wenn dieses Buch leichtfertige Hasardeure dazu anregen würde, einen Tauchgang in die Aachhöhle zu unternehmen, ohne daß sie die körperlichen und technischen Voraussetzungen dafür erfüllen.

WIEDER AUFGETAUCHT

Das Wasser der Aach – ein umstrittenes Gut

Was den Wanderer entlang der jungen Donau im Raum Immendingen-Tuttlingen in Staunen versetzt, nämlich, daß der Wasserstrom flußabwärts nicht stetig zunimmt, sondern stellenweise bei längerer Trockenzeit sogar völlig versiegt, das brachte den Fischern und Müllern an den Ufern des Flusses wohl immer schon Ärger und Not. Und in dem Maße, wie die Wasserkraft vermehrt dazu genutzt wurde, Räder anzutreiben, wuchs der Wunsch, dieses störende Wasserschwinden zu verhindern oder wenigstens zu verringern. Ein Bericht des Obervogts von Möhringen, Hilarius Mayer, an den Landgrafen von Fürstenberg aus dem Jahre 1705 verdeutlicht, daß einem solchen Ansinnen zunächst wenig Erfolg beschieden war:

»Hochgeborener Landgraf! Die Donau will sich allhier gar verlieren. Gestern habe [ich] vermittelst der Frone das Wasser zu einem Mahlgang wiederum herbeigebracht. Heute lasse [ich] wiederum einige Orte, wo sich das Wasser zwischen Immendingen und hier verliert, abgraben. Es mag aber alles wenig verhelfen, weil mehr als 50 dergleichen Orte vorhanden, wo das Gewässer durch die Felsen und Steine dringen tut. Vorgestern war der Herr Faktor des Bergwerks Tuttlingen und der Stadtmüller von da bei mir gewesen, welche den Verlust des Wassers auch besichtigten; die offerieren, mit Volk und allem Hilfe zu leisten auf ihre Kosten, wenn nur mit gesamter Macht Hand angelegt werde, das sich endlich wohl thun ließe, wenn ein Graben von 110 oder höchst 120 Klafter durch einige Wiesen gemacht und der Donau ein anderer Lauf gemacht würde, wogegen mit Sperrung des jetzigen Laufs mehr denn dreimal mehr Platz erhalten würde. Es ist wohl zu erachten, daß diejenigen, die es im Durchgraben betreffen möchte, sich sperren wollten, so aber vermittels einer Vergleichung und unparteiischen Ueberlegung wohl vermittelt werden könnte.«[9]

Natürlich riefen in der Folgezeit alle Bemühungen der Donauanlieger, sommerliche Wasserengpässe durch Manipulationen an Verlauf und Flußbett der Donau zu mindern bzw. zu verhindern, Reaktionen und Beschwerden der Aachanlieger hervor. Die Interessenkollision wurde offenkundig und spiegelt sich in politischen und gerichtlichen Interventionsversuchen:

1855: Beschwerde des Fabrikanten Ten Brink aus Arlen beim Seekreis gegen Eingriffe bei den Versickerungsstellen.

1856: Verbot des Verstopfens der Versickerungsstellen zwischen Immendingen und Möhringen bei »schwerer Strafe«.

1876: Antrag der Fürstlich Fürstenbergischen Domänenkanzlei, wenige Jahre zuvor neu eingebrochene Versickerungslöcher mit Beton verschließen zu dürfen.

1877: Ablehnung dieses Ansinnens durch das Bezirksamt Engen aufgrund des Einspruchs der Aachanlieger.

1878: Erneuter Antrag und erneute Ablehnung mit folgender Begründung: »Es ist nicht zulässig, das in die Aach abfließende Donauwasser von diesem schon gewöhnlichem, seit unvordenklichen Zeiten ohne künstliches Hinzutun innegehabten Lauf abzuleiten.«[10]

Damit fand aber der Streit um das der Donau entweichende Aachwasser noch längst kein Ende. Bis auf den heutigen Tag hat man keine befriedigende Lösung gefunden, die sowohl ökonomischen als auch ökologischen Ansprüchen und Forderungen der Anrainer von Donau und Aach gerecht werden.

Nachdem im letzten Drittel des 19. Jahrhunderts das Verschließen der Schlucklöcher im Bett der Donau untersagt worden war, hat man auf württembergischer Seite immer wieder durch Verhandlungen versucht, einen beschränkten Abfluß des Wassers in Richtung Tuttlingen durch eine Teilumleitung zu ermöglichen. Kommissionen wurden ins Leben gerufen, Messungen wurden durchgeführt, Planungen erstellt...

Aufgrund der verworrenen Rechtslage, der mangelnden Handlungsbereitschaft der badischen Behörden und der Wirren des 2. Weltkriegs – ein geplanter Stollenbau mußte z. B. 1939 wegen Zementmangels wieder fallengelassen werden – wurde erst in der zweiten Hälfte dieses Jahrhunderts die technische Voraussetzung dafür geschaffen, das Wasser der Donau »halten« zu können. So wurde zwischen Immendingen und Möhringen ein Berg durchbohrt, so daß man durch ein Einlaßwerk gezielt bis zu 6 cbm/sec Donauwasser ungefährdet an den Versickerungsstellen vorbeiführen kann. Und auch an den »schluckenden Löchern« im Raum Fridingen kann man durch einen Stollen das Wasser reguliert vorbeileiten.

Während die Schaffung dieser Umleitungsmöglichkeiten von der Öffentlichkeit kaum registriert wurde und der ökonomische Nerv wegen der schwindenden Bedeutung der Wasserkraft für die wirtschaftliche Nutzung wenig getroffen wurde, geriet die Umleitungsproblematik zu Beginn der 80er Jahre mit Vehemenz erneut in den Mittelpunkt der Diskussionen. Ökologische Bedenken und Aspekte des Naturschutzes wurden vorgebracht. Vorausgegangen waren Staatsverträge zwischen den Ländern Bayern und Baden-Württemberg bezüglich eines Wassserentnahmeausgleiches, da Baden-Württemberg für die Landeswasserversorgung bei Ulm der Donau Wasser entnimmt, für das man bei Niedrigwasser Ersatz zu beschaffen versprach. Die Proteste der Aachanlieger blieben ungehört, und ihre Argumente konnten die Gerichte nicht davon abhalten, die Umleitungsmöglichkeit bedingt zu gestatten. Gegenseitig überzeugt haben sich die streitenden »Parteien« wohl kaum. Was bleibt, das sind offene Fragen:

— Ist man, um kostenneutral einen Staatsvertrag erfüllen zu können, nicht unnötigerweise ökologische Risiken eingegangen?

— Hat eine Umleitung für das Land Bayern überhaupt einen Sinn, da eine solche nur erfolgen darf, wenn die Donau bei Günzburg weniger als 48 cbm/sec Wasser führt, und da zu einem solchen Zeitpunkt die junge Donau bei Immendingen bzw. Fridingen naturbedingt ebenfalls wenig Wasser hat und eine Untergrenze der Schüttung der Aachquelle nicht unterschritten werden darf?

Die heutige Rechtslage bezüglich der Umleitungsmöglichkeit des versickernden Donauwassers ist dadurch gekennzeichnet, daß die Gemeinden entlang der Hegauer Aach durch juristische Maßnahmen kein generelles Verbot erzwingen können, jedoch in Jahresabständen (derzeit fünf Jahre) immer wieder aufs neue ihre Zustimmung zu einer befristeten und kontrollierten Umleitung bei Bedarf geben müssen. Dies läßt die Vermutung aufkommen, daß der nun schon Jahrhunderte anwährende Streit um das Donau-Aach-Wasser auch nach der Jahrtausendwende seine Fortsetzung finden wird. Zu hoffen bleibt, daß auch dann noch die Situation so sein wird, daß zwar viel über Sinn und Unsinn, über Nutzen und Folgen einer solchen Maßnahme gestritten wird, de facto es aber selten oder nie zu einer tatsächlichen Umleitung kommt.

Die Aach – ein schützenswertes Naturwunder

Unsere Umwelt ist von der Zivilisation schon arg gebeutelt. Immer wieder hört oder liest man von großen und kleineren Umweltzerstörungen. Wälder sterben, es gibt immer weniger Tier- und Pflanzenarten. Dies alles wird von uns mehr oder weniger wahrgenommen und auch erkannt, jedoch ist es dann meistens zu spät für jegliche Hilfsmaßnahmen.
Wie sieht es tief unter der Erde aus in den Hohlräumen unserer Welt? Unsere Welt im Souterrain ist eine besondere Welt; hier hat sich ein Lebensraum spezieller Art entwickelt, weitab von der Zivilisation und für uns doch so nah.
Dieser Lebensraum spricht auf Umwelteinflüsse sehr empfindlich an. Diese Welt ohne Sonne wird von den Menschen, die mit Höhlen nichts gemein haben, erst gar nicht wahrgenommen, jedoch der aufmerksame Höhlenforscher bemerkt sofort, wenn in seiner Höhle etwas nicht stimmt.
Kleine Lebewesen wie der Bachflohkrebs sind plötzlich nicht mehr zu finden, oder die Luft ist schlecht, es haben sich giftige Gase gebildet. Es genügt eine kleine Menge von Umweltgift, um diese einzigartigen Tiere hinwegzufegen. Sind diese Tiere, die bisher unberührt in ihrem Biotop lebten, einmal verschwunden, so ist dies endgültig. Tropfsteine werden vernichtet aus Zerstörungswut oder durch Mineraliensammler. Durch Unverstand werden Naturgebil-

de, die Jahrtausende gewachsen sind, unwiederbringlich zerstört. Noch ist die Welt der Aachhöhle intakt. Dies kommt daher, daß sie bisher von größeren Umwelteinflüssen verschont geblieben ist. Man denke nur an das geplante Donauumleitungsverfahren. Das Wasser der Donau, das bei Immendingen versickert und in der Aachquelle wieder austritt, sollte künftig umgeleitet werden, die Folgen wären nicht absehbar. (Nachzulesen im Bericht der Landesanstalt für Umweltschutz, Donau und Aach, Bericht 1980, Probeumleitung 1985, S. 147 und 436.)

Ein großer Vorteil ist auch, daß nur wenige Taucher den Abstieg in das düstere Labyrinth der Aachhöhle wagen. Im Eingangsbereich kann man noch zahlreiche Groppen (Grundfische) beobachten, die anderswo bereits ausgestorben sind. Viele Forellen tummeln sich im Quelltopf. Die Bachflohkrebse sind noch zahlreich vorhanden.

Die Gesteinsformationen und Kristalle sind noch unberührt. In den lufterfüllten Räumen der Aachhöhle wachsen, wenn auch selten, die schönsten Sinterröhren und vereinzelt auch Stalagtiten, unerreichbar für menschliche Zugriffe. Trotzdem gilt es auch dieses Naturwunder zu schützen, indem sich der Besucher besonnen verhält.

Wie schnell ist ein Kalzitkristall zerstört, das Jahrtausende brauchte, um sich zur heutigen Schönheit zu entfalten. Auch hier gilt der Grundsatz der Höhlenforscher: *Nimm nichts mit, schlag nichts tot, laß nichts liegen!*

Wissenswertes über die Aachquelle – kurzgefaßt

1. Die Aachquelle gilt als die größte Quelle Deutschlands.
2. Das Alter der Quelle wird von den meisten Experten auf ca. 16 000 Jahre geschätzt.
3. Das Aachwasser stammt größtenteils aus versickertem Donauwasser.
4. Die Zahl der Vollversickerungstage der Donau bei Immendingen nahm jahrzehntelang stetig zu, ist inzwischen aber wieder rückläufig.

5. Die Entfernung zwischen der Hauptversickerungsstelle und der Aachquelle beträgt 14 km Luftlinie, der Höhenunterschied zwischen diesen zwei Punkten beträgt 174 m.
6. Das bei Immendingen versickernde Wasser benötigt für seinen unterirdischen Lauf ca. 30 bis 60 Stunden.
7. Eine zweite Hauptversickerungsstelle befindet sich bei Fridingen/Donau.
8. Die durchschnittliche Schüttung der Quelle liegt bei 8,3 cbm/sec, wobei die Schwankungen in Abhängigkeit von Jahreszeit und Niederschlägen sehr deutlich sein können. Geringste gemessene Wasserführung: 1,3 cbm/sec, größte gemessene Wasserführung: 24,1 cbm/sec.
9. Das Wasser der Aachquelle ist aufgrund der ungenügenden Filtration (relativ hohe Durchflußgeschwindigkeit) nicht als Trinkwasser geeignet.
10. Aufgrund der Härtezunahme des Aachwassers gegenüber dem Donauwasser (Lösung von Kalk!) kann man davon ausgehen, daß neben Spalten, Klüften und Kanälen auch große hallenartige Hohlräume im Erdinnern geschaffen worden sind.
11. Oberhalb der Aachquelle (ca. 600 m nördlich davon) befinden sich etliche mächtige Dolinen (Erdsenken), die Hinweise auf unterirdische Hohlräume geben.

Wie am Anfang, so am Ende: Sagenhaftes und Phantastisches

Die sogenannte Sarah-Spalte, die sich unmittelbar hinter der Quellnische befindet, jedem Besucher sogleich ins Auge fällt und ihn zum Fragen und Spekulieren anregt, war wohl immer schon Gegenstand mythischer Mutmaßungen und sagenhafter Erzählungen. Leider sind diese nur selten schriftlich fixiert worden und konnten deswegen auch nicht zu einem traditionell-geschichtlichen Allgemeingut der Region werden, wie es beispielsweise die Poppele-Geschichten geworden sind.
Auch die folgende fromme Sage ist im Hegau nur wenig bekannt.

Wie in Aach der Teufel in die Falle ging

Kaum hatten die ersten Siedler bei der damals viel kleineren Aachquelle für sich und ihren Anhang die ersten Hütten und schiefwandigen Häuser erbaut, da errichteten sie auch aus Dank für den nie versiegenden Wassersegen dem lieben Gott ein Kirchlein, nur einen Hahnenschrei entfernt von der mächtigen Quelle, die sie immer noch im Stillen und Verborgenen als überirdisch verehrten. Das für die ersten Bedürfnisse freigebig erstellte trauliche Gotteshaus weihten sie dem heiligen Remigius, der nur wenige Jahrhunderte vorher nach einer blutigen Schlacht den Frankenkönig samt seinem ganzen Volke zum Christentum bekehrt hatte (worauf die Stadt Reims gegründet wurde).

Über diese fromme Aacher Tat war der Teufel, dem noch die Wut von Reims in allen Knochen steckte, so erbost, daß er sich schwor, so bald als möglich diese Remigi-Feste abzuschaffen und gleichzeitig eines der ersten Gotteshäuser im Hegau zu zerstören.

In der nächsten mond- und sternenlosen Nacht schlich er wie ein freches Wiesel heran, nahm das Türmlein zwischen seine borstigen Beine und wollte das ganze Gotteshäuslein herausrupfen.

Aber – der fromme Zimmermann, der nebenbei auch noch auf den Namen Josef hörte, hatte zum Abschluß seines Baues allen Strebebalken, Binden und Spannriegeln drei kräftige Kerben eingebeilt, und aus seinem struppigen Backenbart konnte jedermann die Segensworte hören: »In des Dreieinigen Namen, Amen!« So war das Winden und Drehen des schwitzenden Luzifers vergebens, aber – als Beweis für die Wahrheit der Legende – gab der Turmhelm nach – nur eine halbe Elle –, und seitdem ist für alle Zeiten der St.-Remigius-Turm in Aach verdreht wie eine Bohnenranke und dazu krumm und schief.

Der Teufel, erbost über seine satanische Ohnmacht, sprang in drei Sätzen hinab zur friedlich lächelnden Aachquelle, und ohne sich umzugucken, rannte er in den gerade offenen Felsspalt hinter dem tiefen Wasserkessel, den Spalt, den später, viel später, die Aacher das »Sarah-Loch« nannten. Seitdem ist das »Sarah-Loch« trocken, aber in den tiefen Klüften darunter sucht der Leibhaftige

Sarah-Spalte im Winterkleid.

seitdem den damals durch ein von ihm erzeugtes kleines Erdbeben verengten Felsausgang.

ANMERKUNGEN

[1] Aus: Abenteuerliche Reise des kleinen Schmiedledick mit den Zigeunern, beschrieben von Elisabeth Walter, Freiburg 1984[13].

[2] Titelseite und Seite 63 des Werkes von F.W. Breuninger (1719) mit der Erwähnung der Aachquelle; zit. nach: Steirische Beiträge zur Hydrogeologie, Jahrgang 1969, Graz, S. 218f.

[3] H. Hötzl/W. Huber, Über die Hydrogeologie und wasserwirtschaftliche Nutzung der Aachquelle (Baden Württemberg, BRD), in: Bundesanstalt für Bodenforschung und die Geologischen Landesämter der Bundesrepublik Deutschland (Hrsg.), Geologisches Jahrbuch, Reihe C, Heft 2, Hannover 1972, S. 366.

[4] Ebd., S. 367.

[5] J. Hasenmayer, Tauchabstieg in die Quellhöhle der Aach, in: Bundesanstalt für Bodenforschung und die Geologischen Landesämter der Bundesrepublik Deutschland (Hrsg.), Geologisches Jahrbuch, Reihe C, Heft 2, Hannover 1972.

[6] Ebd.

[7] Ebd., S. 353ff.

[8] J. Hasenmayer, Angst ist nur ein Wort, in: Submarin Nr. 8/1977, S. 20.

[9] Reinert/Potschigmann, Die Donauversinkung, in: Tuttlinger Heimatblätter, Neue Folge Heft 2, März 1949, S. 8f.

[10] Zit. nach: W. Käss, Die Radolfzeller Aach – eine rheinische Donau, in: H. Berner (Hrsg.), Singen – Ziehmutter des Hegaus, Konstanz 1987, S. 61.

Ein umfangreiches Literaturverzeichnis kann beim Autor angefordert werden (Uhlandstraße 12, 7701 Volkertshausen).

BILDNACHWEIS

Gemeindeverwaltung Aach
A. Gnädinger
R. Grimm
R. Grüneberg
A. Hipp
M. Kupke
B. Mattes-Stoffel
K. Rogasch
H. Schetter
M. Schetter

ZUM AUTOR

Harald Schetter wurde am 2. August 1944 in Hechingen/Hohen-
zollern geboren. Dort verbrachte er auch seine Jugend.
Nach Abschluß der Realschule und Besuch der Finanzschule in
Ludwigsburg führte ihn sein beruflicher Weg über Balingen und
Berlin zum Finanzamt nach Singen/Hohentwiel.
Seit 1966 ist er begeisterter Sporttaucher. Erst relativ spät, 1976,
begann er mit dem Höhlenforschen und Höhlentauchen. Viele
Exkursionen unternahm er auf der Schwäbischen Alb, in Frank-
reich, Italien, Jugoslawien bis hin nach Südostasien, wo er auf den
Philippinen Unterwasserhöhlen erkundete.
Sein Hauptforschungsobjekt ist jedoch die Aachhöhle, über die er
bereits einen dokumentarischen Film produziert hat.

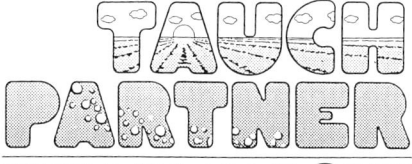

OTTO MALLAUN

BODENSEE-HANDBUCH
der Touristik und Schiffahrt

für Schiffsführer · Segler · Motorbootfahrer ·
Ruderer · Surfer
neu bearbeitet von Theo R. Lindner,
12., überarbeitete Auflage, 232 Seiten
mit 73 Hafenplänen, 38 farbigen und zahlreichen s/w Abb.
neue Bodenseeschiffahrtskarte

»Mallaun« – ein Begriff für den Wasser-
sportler am Bodensee! Jahrzehntelang hat
sich das Bodensee-Handbuch seit seinem
erstmaligen Erscheinen 1912 als Nach-
schlagewerk und ständiger Begleiter beim
Wassersport auf dem Bodensee bewährt.
Auch die neue Auflage vermittelt in über-
sichtlicher Gliederung wichtige Informationen über Erd-, Wasser-, Wetter- und Na-
turkunde im Bodenseeraum. Für den Sport-
schiffer sind Verkehrsvorschriften und son-
stige Bestimmungen von Bedeutung wie-
dergegeben; der Inhalt des Buches ist vorzüglich zur Vorbereitung auf den theoreti-
schen Teil der Schifferpatentprüfung in Re-
vier- und Gesetzeskunde geeignet.
Wesentlicher Bestandteil des Bodensee-
Handbuches sind die detaillierten Be-
schreibungen und Einzelpläne der Haupt-
verkehrsplätze und Sportboothäfen; auch
zahlreiche Kleinanlagen, Privatstege und
-bojen werden zur Orientierung erwähnt –
der »Streckenführer« ist somit ein zuverläs-
siger Lotse von Hafen zu Hafen.

Zu beziehen durch jede Buchhandlung und
die SÜDKURIER-Geschäftsstellen.

VERLAG DES **SÜDKURIER**
Rosgarten Verlag

Wildwasser-Bücher von Josef Haas

Wildwasserperlen der Hochalpen

Perles d'Eau Vive en Hautes-Alpes

Zweisprachig: Deutsch/Französisch

168 Seiten mit 48 Farbseiten und 45 Karten, farbiger Einband, Großformat

Wildwasserperlen

Wildwasserfahren im Schwarzwald

Band 1
2., überarbeitete Auflage, 80 Seiten mit 29 Spezialkarten von Wildwasserrouten, 7 Illustrationen von Bernd Czichon, 6 farbigen und 16 Schwarzweiß-Abbildungen, farbiger Einband

Wildwasserperlen

Wildwasserfahren in Schwarzwald, Jura und Vogesen

Band 2
116 Seiten mit 30 Spezialkarten von Wildwasserrouten, 18 farbigen und 19 Schwarzweiß-Abbildungen, farbiger Einband

Wildwasserparadies Korsika

La Corse – Un paradis de l'eau vive

Zweisprachig: Deutsch/Französisch

Band 1
2. Auflage, 172 Seiten mit 47 farbigen, 3 Schwarzweiß-Abbildungen und 30 Karten, farbiger Einband, Großformat

Band 2
160 Seiten mit 73 farbigen Abbildungen, 25 Karten und 1 Karikatur, farbiger Einband, Großformat

Zu beziehen durch jede Buchhandlung und die SÜDKURIER-Geschäftsstellen

VERLAG DES **SÜDKURIER**
Rosgarten Verlag

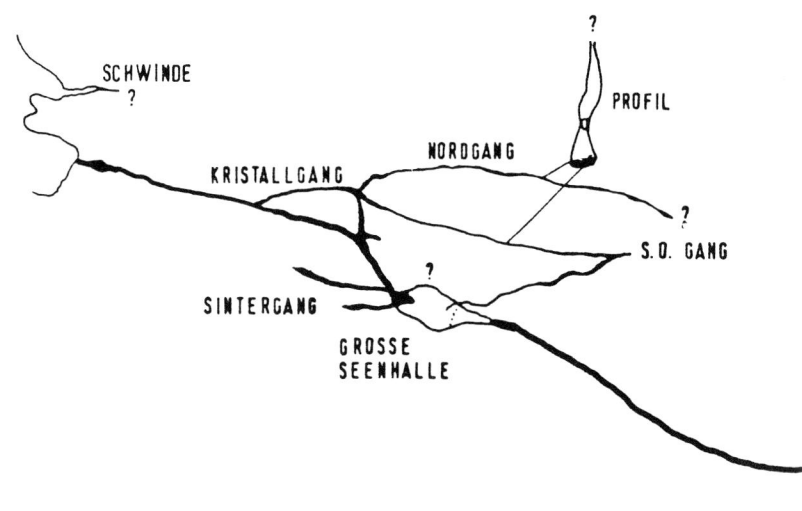

SCHWINDE
?

KRISTALLGANG

NORDGANG

PROFIL

?
S.O. GANG

SINTERGANG

?

GROSSE
SEENHALLE

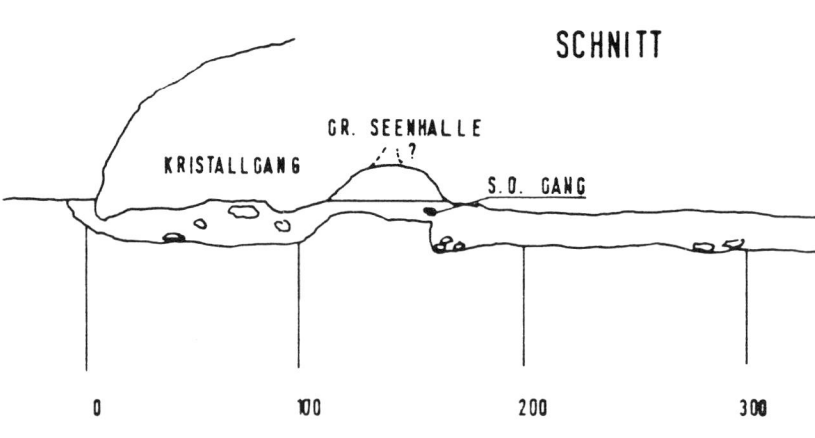

SCHNITT

KRISTALLGANG

GR. SEENHALLE
?

S.O. GANG

0   100   200   300